貧乏大名"やりくり"物語

山下昌也

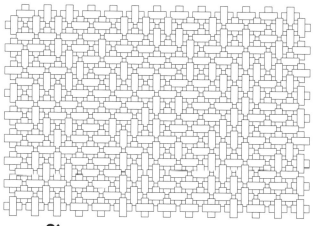

講談社＋α文庫
プラスアルファ

はじめに

三代将軍徳川家光が、それまで曖昧《あいまい》だった大名の定義を「一万石以上」だとして以来、それまで大名と称していた数千石の武将たちは旗本になり、あるいはほかの大名家に組み込まれた。

ところが、不思議なことにたった五千石の大名がいた。しかもその当主は「御所さま」と呼ばれているのだから、まことに畏《おそ》れ多い。「御所」とは本来は天皇か貴人の住居や、そこに住む人を指すが、江戸時代では将軍が隠居して大御所となったのだから、この称号は大大名でも号せないものなのだ。

その大名とは、今の栃木県さくら市喜連川《きつれがわ》にあった喜連川家である。そして御所号を与えたのは、ほかならぬ徳川家康だった。

でも、いくら「御所」と号してみても、五千石ぽっちの石高では、藩の経営はたちゆかない。なにせ、当時は百万石クラスの大大名であっても、藩の内情は火の車だったのだ。だから、各地の大名は藩の大小を問わず、年貢を上げ、御用金を召し上げ、商人から借金をしては踏み倒していたのである。まして、五千石では、苦しいどころのはなしではない。しかも、その上に「御所さま」としての体面と格式も保たなければならないのだ。

ところが、喜連川の御所さまは借金を踏み倒すこともせず、領民に過度の負担を強《し》いることもなかった。喜連川藩が善政を敷いていた証拠に、一揆や騒動の記録が江戸時代を通じて、ひとつも見当たらない。

御所さまは催眠術を領民にかけていたわけではない。それは、精一杯のやりくり算段の賜物《たまもの》だったのだ。地元に残る古文書や記録からは、涙ぐましくもあり、滑稽でもある、御所さま歴代の姿が見えてくる。

そんな御所さまの奮闘を、分かりやすく描くように心がけたつもりである。

貧乏大名〝やりくり〟物語　目次

第二章　五千石でも十万石「格」大名、喜連川氏の正体

第一章　百万石から一万石まで、大名家のやりくり算段

大大名の貧乏暮らし

大は大なり、小は小なり

「大名暮らし」、「大名遊び」などと聞くと、贅沢で優雅な感じがする。大名は贅沢な屋敷に住み、柔らかな着物を着て山海の珍味で酒を嗜《たしな》み、美人の側室に囲まれているイメージがある。が、一口に大名と言っても大は百万石以上から小は一万石まで百倍を超える差があり、みんながみんな、豊かではない。

また、庶民は稼ぎをパーッと使ってしまおうが、がっちりと溜《た》め込んでしまおうが勝手だが、徳川時代では、大名は石高によって家の格式が決まり、屋敷の大きさや造り、江戸城での控えの部屋や服装、供揃えから献上物、拝領物など全てが左右されるほか、家臣の数や幕府の行事に対する負担など、さまざまな義務の軽重《けいちょう》も変わるので、大大名であっても自由に使える額は制限されているのである。

参勤交代を例にとると、行列の人数は一万石につき四十人程度と石高によって相場があるので、百万石の加賀藩の行列は四千人の大行列になり、藩の財政を圧迫した。その点、小大名は小人数で楽だと思われるが、収入が少ないのだから負担度はかえって大きい。その上、大名は藩の威信をかけた見栄っ張りが多いので、一万石の大名でも百人以上の供揃えをする殿様もあったのだ。

石高は米の収穫量だから土地によって生産性の高い所も低い所もあり、検地や新田開発などによっても増減があるので、同じ石高でもばらつきがあった。つまり、公称の石高と実収が異なる場合があったのである。

例えば、仙台の伊達家の表高は六十二万石だが、実高（内高）は約八十万石あったらしく、柳沢吉保が宝永元（一七〇四）年に甲斐《かい》で加増されて十五万石になった時の実高は二十万石以上あったという。反対に、本藩の宮津藩と支藩の田辺藩、峰山藩からなる丹後国の表高は十二万三千石だが、領内に以前からの小領主がいたり、寺社領があったりして、実高は十万石に充《み》たなかったという。

表高と実高が違っていれば、正直に幕府に申告して直してもらえばよさそうなものだが、石高が上がればそれだけ格は上がるものの、幕府の事業に多くの負担を求められたり、格に見合った体面や付き合いなどで何かと出費が多くなり、反対に石高が下がれば負担は減るが、それだけ格が下がるのだ。大名にすれば、見栄を取るか実を取るか悩ましいところである。

実を取ったのは信濃国の小諸藩である。元は、豊臣秀吉の家臣・仙石秀久が五万石で入封《にゅうほう》して小諸城を現在の地に築城したのだが、その後、藩主が次々と代わる都度石高は減っていき、元禄十五（一七〇二）年に牧野康重が越後国与板藩から入った時は一万五千石と低い石高となって、そのまま維新まで続いた。しかし、牧野氏は新田開発に熱心で、幕末の実高は三万九千石にまでなっていたのである。ところが、これには裏があって、牧野康重は桂昌院の義理の甥《おい》、つまり五代将軍・綱吉の従兄弟だから、最初から実高は三万石だったが、何の功績もない康重が三万石では妬みや批判の対象になるので表高を一万五千石ということにした、という説もある。

廃藩置県の際、藩財政の清算を行ったが、小諸藩は信濃国内で唯一の黒字藩だった。日本中、累積する負債で苦しんでいた藩が多かった中で稀少な例だが、表高が一万五千石で、実高が三万九千石ということは、幕府への役務や参勤交代の行列、交際費などは、全て一万五千石の格式で行えばよかったので健全財政なのは当然だろう。いわば、基本給二十万円で、諸手当を含めて五十万円の収入があるのに基本給だけ申告して、税金や保険料を払っているようなものである。

盛岡藩（南部藩）の場合は、実高は十万石に充たなかったが、十万石の格が欲しくて頼み込んだものらしい。だが、すぐに実態が伴ってそれ以上になり、文化五（一八〇八）年には幕府から二十万石に高直しされた。めでたく家の格式は高くなったものの、蝦夷地の警衛などの負担が多くなり、藩の財政は一時、破綻寸前まで追い詰められたという。

享保七（一七二二）年に吉宗が空っぽになった幕府の金蔵を補うため、一万石につき百石の上米を大名に命じた。つまり、幕府が大名に米を献上させるのだ。薩摩藩は六十万五千八百六十三石余を基礎にして納めるように指示されたが、薩摩は琉球の十二万三千七百十一石余も加えるように何度も頼み、やっと七十二万九千五百七十五石にしてもらった。献上する負担は重くなるが、それよりも石高の方が優先するのである。今では上場するために実態よりも良く見せようとする粉飾決算が行われて摘発されるが、この時代は被害者となる株主が居ない上に、負担になるのは当事者だけなので犯罪ではない。

土佐藩の場合は、結果的に実をとった。当初の石高は二十万二千六百石余りだったが、十七万石余の阿波徳島藩が元和元（一六一五）年に淡路国を加増されて二十五万七千石になると、それに対抗して二十五万七千余石を申告した。土佐山内家が四国一の石高にこだわったのだが、残念ながら幕府はこの申告を認めなかった。土佐藩はその後も開発を進めたが、申告はせず、明治三（一八七〇）年の廃藩置県前の調査では四十九万四千石余の大藩になっていたのである。

長州藩も結果的に実をとった方である。毛利輝元は、豊臣時代に安芸《あき》、周防《すおう》、長門《ながと》、備中半国、備後、伯耆《ほうき》半国、出雲、石見《いわみ》、隠岐《おき》の百二十万五千石を拝領していたが、当時の検地は厳密さに欠け、実高は二百万石以上だったという。が、関ヶ原の後、周防、長門の二国で二十九万八千四百八十石二斗三合に減封された。

領国を四分の一にされた毛利家は、慶長十二（一六〇七）年になって新たな検地に着手して慶長十五年に終えた。少しでも石高をあげようというのが大名の習性で、その検地は、一揆《いっき》が起きるほどの苛酷《かこく》さで行われた。その結果、五十三万九千二百八十六石余りになっていた。慶長十八年に幕府に提出される御前帳（国絵図とともに作成された各村の村高を書き上げた帳簿）が以後の毛利家の公称高となるため、事前に相談された幕閣は驚いた。東軍の勝利に最も貢献したとされる福島正則でも隣国の安芸広島と備後福山で四十九万八千二百石である。にもかかわらず、敗軍の総大将だった毛利氏がそれ以上では釣り合いがとれないのだ。

幕府は辻褄《つじつま》を合わせるため、慶長十八年の御前帳には約七割の三十六万九千四百十一石三斗一升五合を表高として公認したのだった。大名の世界は建て前の世界でもある。

毛利家は、その後の新田開発などによって次第に石高を増し、幕末の実高（内高）は百万石を超していたとも言われるが、公称高はずっと変わらなかった。

赤字の構造・米本位制

その長州藩でも幕末の藩財政は悪化した。減封された後も家臣をリストラしなかったので、いくら給料を減らしたといっても負担は大きく、幕末の負債額は銀九万貫を超えていたという。時の相場によって変動があるとしても、ざっと換算すれば千五百万両余である。その建て直しに手腕を振るったのは毛利敬親《たかちか》に抜擢された村田清風だった。

藩はこれまで特産品の蠟《ろう》を専売制とし、税収を上げようとしてさらに規制を強化したが、民衆の反発を買って一揆が起こっていた。これに対して村田清風は、制度を改めて商人による自由な取引を許したのである。その代わりに運上銀を課税したが、商人のやる気を呼び起こして商いは活発になったのだった。

また、下関を通る船に金を貸す越荷方《こしにかた》を設置し、金融兼倉庫業で莫大な利益を藩にもたらしたのである。

清風は行政を効率化するため、藩の財政状態を藩士たちなどに公開し、アイディアのない役人を切り、身分にかかわらず有能な人材を抜擢して改革を進めたのである。こうして、藩士や領民の意識を改革するとともに、米本位から貨幣経済への意識転換が図られたのである。

藩の大小を問わず、各大名が累積赤字に苦しんでいたことは、明治新政府が新体制を創る時に明確になった。

明治二（一八六九）年、薩長土肥の四藩主が率先して版籍奉還することで諸藩は次々とそれを真似た。世襲の知藩事に任命され、華族となった藩主は引き続き支配権を持つと思っていたのだ。

しかし、明治四年に御親兵（新政府直属の軍）が編成され、その武力を背景に廃藩置県の詔書が発布された。これは、上書を提出して行われた版籍奉還と違い、一方的な命令として宣告されたものであり、反対する旧藩主がいた場合に備えての御親兵だったが、それは杞憂《きゆう》だった。

不満があっても、諸藩には反抗するだけの財力がなく、むしろ、旧藩主たちは苦しい財政の下駄を新政府に預けて、ほっとしていたのだった。

この苦しい財政状態の原因は、大名の見栄ばかりでなく、江戸の藩邸と国許《くにもと》の藩庁の経営という二重の経費がかかることや、飢饉や洪水などの自然災害にもあった。しかし、もっと根源的なこととして、経済体制が米本位制だったことがある。商業が発達して社会全体は貨幣で動いているのに、武家社会だけは米が経済の基本だから、新田開発などで米が増産されると、かえって米の価格が下がり、減給と同じことになるのだ。この構造が変わらない限り財政は改善されなかったのである。

薩摩の借金と踏み倒し

薩摩藩も財政難に苦しんでいた、それを建て直した調所広郷《ずしょひろさと》はよく知られている。天保四（一八三三）年に家老に就任し、藩の財政や農政、軍制改革に取り組んだが、当時の藩の借金は五百万両にも膨《ふく》らみ、破綻寸前になっていた。急務は、藩運営の重しになる借金を片づけることである。

調所は、商人を脅迫して借金を無利子で二百五十年の分割払いにさせたのだ。実質的な踏み倒しである。が、一方的に泣かせたのではなく、琉球を通じて清と密貿易も行い、長期分割の見返りに、一部の商人に密貿易品を優先的に扱わせて利益を上げさせている。

さらに、大島や徳之島などの砂糖を専売制にするほか、特産品の開発などを行うことで利益を上げ、天保十一（一八四〇）年には二百五十万両の蓄えができる程にまで財政が回復したのである。

しかし砂糖の専売では、奄美群島の百姓から砂糖を安く買った上に税を厳しく取り立てて領民を苦しめていた。さらに、幕府に密貿易の件を糾問《きゅうもん》されるなどするなか、嘉永元（一八四八）年に調所は薩摩藩上屋敷芝藩邸で急死した。服毒自殺とも言われる。

嘉永四年、四十三歳で藩主となった島津斉彬《なりあきら》は、先進的で好奇心が強い人物だった。それはアルファベットを学び、写真を撮るなど個人的なことにとどまらず、藩の事業として軍需、民需の西洋技術を矢継ぎ早に取り入れた。

安政五（一八五八）年に五十歳で没するまでの間に、反射炉や溶鉱炉を建設し、鉄鋼や各種ガラス、ガス灯を製造し、洋式帆船を完成させ、蒸気機関の国産化を試み、ついには日本初の国産蒸気船を建造するまでに至った。

しかし、それらの事業は、調所広郷が御禁制の密貿易まで行って形振《なりふ》り構わず貯えた金に手を付けて行われたのだろう。文久二（一八六二）年に薩摩藩が起こした生麦事件の賠償金については、支払いをさんざん渋り、ようやく文久三年に横浜のイギリス公使館に届けた二万五千ポンド（六万三百三十三両）は、幕府から借り入れたものだった。その間、薩英戦争があったものの、その和議を機会に薩摩とイギリスは親密になり、維新になると、その騒動で借金は幕府に返済されなかった。

奮闘する小大名

小藩だからこその苦労

藩の呼び方に大藩とか小藩という呼び方がある。

大藩は四十万石以上で、十万石から四十万石未満までが中藩、一万石から十万石未満までが小藩になるが、大藩は一握りで、小藩が圧倒的に多い。だから、日本の大半の殿様がやりくりに苦労していたのである。なんだか一握りの大企業と九割以上の中小・零細企業で構成されている日本の企業社会に似ていなくもない。

表高より実高の多い藩は、数は少ないが幾つかはあった。が、大藩でも台所は苦しいのだから、実高が多いといっても小藩では左団扇《ひだりうちわ》とはいかないし、少しゆとりができたからといって油断はできない。

大和国（現在の奈良県）の芝村藩は一万石だが、現在、有楽町に名前を残す織田有楽斎《うらくさい》の四男・織田長政《ながまさ》が父から一万石を分知されて立藩したものである。七代・輔宜《すけよし》の頃から幕命によって幕府領の預かり地を任されるようになったが、それが順次増え、八代・長教《ながのり》の代になると九万三千四百三十石にまでなり、藩領は十万石以上になったのである。

預かり地の統治の成功で、幕府から賞賛されたまではよかったが、預かり地で年貢増徴政策に対する百姓一揆が頻発し、宝暦三（一七五三）年末になって、百姓たちが所替えを要求するまでになったのだった。

この騒動は幕府が鎮圧したが、寛政六（一七九四）年になって預かり地の役人の不正が発覚、藩主・長教をはじめとする要人が処罰され、預かり地は全て召し上げられた。この頃から藩財政の困窮が深刻化し、農民の年貢減免を求める強訴《ごうそ》が発生するようになって、藩政改革を試みたが効果はなく、幕末には借金漬けになっていた。

ヌカ喜びの実高だった藩もある。近江国の宮川藩は下総《しもうさ》国佐倉藩十一万石・堀田正盛の孫堀田正休《まさやす》が元禄十一（一六九八）年に一万石で上野《こうずけ》国吉井から移封されて立藩したものだが、三代・正陳《まさのぶ》は若年寄となって寛延元（一七四八）年に三千石の加増を受けて一万三千石を領することになった。

五代・正穀《まささね》の時代には、蒲生《がもう》郡など近江国内の所領三千六百石が播磨国に替えられたが、この土地は生産性が近江よりも高かったため、実質的な加増だった。しかしそれも束の間、文化四（一八〇七）年に、残念ながら元に戻されたのだ。歴代藩主のほとんどが出費の重なる幕府の要職に就いたことも財政を圧迫したが、藩政での治績もほとんどなかったのだった。

米以外の「国産品」の開発で藩財政を支えようとする藩もあった。

豊後国森藩一万三千石もその一つで、領内で採取される明礬《みょうばん》を藩の「国産品」と位置づけ、国内総生産高のうち森藩産が三分の一を占めるほどになった。経営は順調だったが、唐明礬の輸入量が増えるようになると、森藩の明礬経営は中断されてしまう。しかし、努力の末、江戸、大坂に明礬会所の設立を許されて明礬の販路を独占することになったのである。宝暦十三（一七六三）年頃には、そのほかに硫黄《いおう》の採掘を行うなど、年貢収入以外の産業を起こし、経営販売することで苦しい財政を助けたのだった。

頑張って財政を建て直した藩に伊勢国菰野《こもの》藩一万一千石がある。

菰野に一万石を領していた土方雄氏《ひじかたかつうじ》は、慶長四（一五九九）年、家康暗殺の疑いによって所領を没収されたが、翌年に許され菰野藩を立藩したのだった。

二代藩主・土方雄高《かつたか》は城下町を建設し、商工業者を招いて藩の体制を整備したが、以後の藩主が放漫経営で財政は苦しさを増した。

七代・雄年《かつなが》は建て直しを図ったが、大坂や駿府の加番勤務や凶作などの天災で藩財政が悪化の一途をたどると、幕閣とのコネを強めるため田沼意次の六男を養子に迎えて八代・土方雄貞《かつさだ》とした。

九代・義苗《よしたね》は、「臨時準備積立法」を制定して年間二百二十五俵の米を一割二分の利で十三年間積み立て、質素倹約や経費節減、灌漑《かんがい》工事などで財政再建を果たして菰野藩を立ち直らせた。

さらに十代・雄興《かつおき》の時、稲の品質改良に成功し、菰野茶を特産として売出し、十一代・雄嘉《かつよし》の代には茶園を建設するなど、領民の力を活かした政策が功を奏した。

この藩は、年貢の取り立てが比較的緩やかで、明治維新まで一揆がなかった珍しい藩でもある。

それと反対に相模国の荻野山中藩は、小田原藩の支藩で一万三千石。天明三

(一七八三)年の五代藩主・大久保教翅《おおくぼのりのぶ》の頃から藩財政の窮乏化が進み、六代・教孝《のりたか》は養蚕業を奨励するため、蚕の性質や蚕種の取り扱い、孵化《ふか》から成虫までの飼育法など、養蚕に関する全てを細かく記した「養蚕要略」を公布したが、残念ながら効果はなかった。

財政圧迫は、幕命による不可抗力

実高の少ない藩は、まず新田開発で財政改善を図ろうとし、次に国産品の開発と増産を奨励することが多いが、成功するとは限らないし、無策で借金漬けになるケースもあり、成否は藩によって様々だ。

コツコツと努力したのは但馬国の村岡藩である。明治時代初期にできたいわゆる維新立藩の一つだが家柄は由緒正しく、室町時代の守護大名・山名氏の末裔《まつえい》である。山名豊国が徳川家康から六千七百石を与えられて旗本となり、歴代領主は新田開発や産業の振興などをすすめて実高を増やし、慶応四(一八六八)年に新政府から一万一千石へと高直しが認められて立藩したのだった。

一方、出羽国の長瀞《ながとろ》藩は、一万一千石だといっても所領が五ヵ国にも散在していたため、コツコツやろうにも、効率が悪くて結果の出せない気の毒な藩だった。幕末に藩内で攘夷討幕を叫ぶ声が高まり始めたのも無理はない。

伊予国の小松藩一万石では、寛文年間（一六六一～一七〇四）にかけて三百町歩の新田開発を行った。享保十七（一七三二）年の享保の大飢饉では住民の半数が飢餓に苦しんだが、新田開発の甲斐があって餓死者は皆無だったから成功の部類である。

軍費のために財政が悪化することもある。美濃国の苗木藩がそれで、一万石ながら城主である。苗木藩の藩祖・遠山友政《ともまさ》は美濃の豪族で織田信長に従っていたが、信長の死後、所領を失った。その後、慶長五（一六〇〇）年の関ヶ原の戦いで苗木城を奪い返し、そのまま家康から苗木城を賜《たまわ》ったものである。

だが、城主で家格は高いものの小藩の悲しさで、幕府の相次ぐ手伝い普請や軍役などによって財政の窮乏が早くから始まっていた。それでも、新田開発を進めたことにより、四代・友春《ともはる》の頃には、実高は約一万五千石くらいまで増加している。しかし、五代・友由《ともよし》の大坂加番による出費などもあって、折角の増収も帳消しになった。

苗木藩の歴代藩主は藩政維持のため、厳しい倹約令を出し、天保十三（一八四二）年には給米全額の借り上げを行うなどしたが、やはり効果はなかった。しかも最後の藩主・友禄《ともよし》は文久元（一八六一）年に若年寄となり、さらに大坂警備も任されたために出費がさらに重なって財政は火の車となった。その上、慶応元（一八六五）年には第二次長州征伐に参加したことによる軍費が嵩《かさ》んで財政は破綻した。友禄は五種類の藩札を発行して改革を図ったが、やはり効果はなかった。運命を呪いたくなるような話である。

同じように戦費が足を引っ張った藩に播磨国の山崎藩がある。別名宍粟《しそう》藩とも呼ばれる一万石の小藩で、八代・本多忠鄰《ほんだただちか》は、藩財政再建に尽力したがその甲斐もなく、幕末の動乱の中、第一次長州征伐等に出兵したことで藩費の支出が重なったため遂に第二次長州征伐、鳥羽・伏見の戦いには戦費不足から出兵できない事態に陥ったのだった。

領民の支持が「やりくり」成否を決める

領民の反発を買い、協力が得られず失敗することもあった。定府《じょうふ》（藩に戻らず江戸常駐）が多い小藩は、地元の事情に疎くなり、領民の気持ちが分からなくなって、つい無理を強いるのである。

信濃国の須坂藩一万石の十二代藩主・堀直武《なおたけ》は、薬用人参、吉向焼《きっこうやき》などの国産物育成を中心とした藩財政の改革を進め、さらに人材を登用して藩政改革を進めるが、領民の支持を得られず、かえって藩財政の逼迫《ひっぱく》を招くことになり、失敗したのだった。

駿河国の小島《おじま》藩は、六千石の旗本・松平（滝脇）信孝《のぶなり》が元禄二（一六八九）年に四千石加増されて一万石の大名になったが、この時代からすでに財政が困窮していて、年貢の先取りなどが行われた。四代・昌信《しげのぶ》の時代には新たな人材を登用し、年貢増徴、賦役《ふえき》強化、支出の削減を中心とした藩政改革が行われたが、明和二（一七六五）年に年貢増徴に反対した百姓による一揆で、年貢の増徴による財政改革は実現しなかった。

しかし、七代・信友《のぶとも》は直印書を発行して、財政窮乏化のため年貢の増徴はやむを得ないことを説いて領民の理解を得ようとし、九代・信進《のぶゆき》は、国産品の紙の専売制を実施して、ある程度の財政改革に成功した。

河内国の丹南《たんなん》藩は、九千石の旗本・高木正次が元和九（一六二三）年に加増されて一万石の大名となった。丹南藩が定府になったのは、六代・正陳《まさのぶ》の時だった。藩の領地の一部は頻繁にあちこちに移されるが、明和六（一七六九）年になると、麦不作から年貢納入拒否となり、農民が拝借金や配給米を求める騒動が起きた。全村の庄屋、百姓が参加した大規模なもので、庄屋二十二名が江戸屋敷に召喚されて十一人が牢死、四人が追放、二人が罷免《ひめん》などの処分を受け、一般百姓も六十数名が手鎖、追放等に処せられた。騒動の首謀者は領民に敬われ、後に地蔵がたてられたが、藩主の正弼《まさのり》は騒動処置の不手際を幕府に咎められ、江戸城出仕を停止された。

十二代・正坦《まさひら》は、慶応二（一八六六）年に幕府領の安宿部《あすかべ》郡国分村（現在の柏《かし》原《わら》市）で起きた一揆の鎮圧を幕府から命じられ、その費用によって江戸中期から続く財政難はさらに増し、廃藩時の借金は小藩としては非常に多額な三万九千両になっていた。

多額の借金を作ったのは美濃国の高富藩も同じである。初代藩主・本庄道章《みちあきら》が一万石で高富に入ったのは宝永二（一七〇五）年だった。道章は、五代将軍・

徳川綱吉の生母・桂昌院の異母兄・本庄道芳《みちちか》の孫だから、綱吉と桂昌院のおかげである。しかし、小藩の悲しさ、八代・道昌《みちまさ》の時代から財政の窮乏が始まった。

歴代藩主は厳しい倹約令を出したり、百姓には植林を勧める一方で莫大な献納金徴収を図り、さらには年貢増徴政策、藩札の発行から京都の豪商を財政顧問に招いての藩政改革まで様々な手を打ったが、ことごとく失敗し、十代・道美《みちよし》の時代になると藩財政は完全に破綻した。慶応四（一八六八）年になると、藩内で打ちこわし、百姓一揆が起こるようになり、この頃の藩の借金は、なんと二十万七千四百両にも達していた。

定府で現地の事情が分からず騒動になったのは、備中国の岡田藩一万石も同じだった。財政の苦しい藩は、領民の入会地《いりあいち》だった山を「お留山《とめやま》」として藩の公地とし、領民の立ち入りを禁じたばかりか、樹木を伐採させて薪を作らせ、陣屋まで運ばせる賦役を課したため、怒った領民は代表四人を江戸に送り藩主に直訴した。領民の願いは叶えられたが、直訴した四人は処刑され、その家族や騒動の加担者は領内から追放されたのだ。

越後国の椎谷《しいや》藩一万石は、堀直宥《なおさだ》が元禄十一（一六九八）年に上総八幡藩から越後国に移されて立藩し、歴代藩主は江戸定府だった。

椎谷藩では天明元（一七八一）年に藩主になった八代・堀著朝《あきとも》の頃に財政が逼迫したが、著朝は病弱で、政務を代行した分家の堀直意は領民に厳しい御用金や米租前納金などを命じた。その上、直意は天明の大飢饉で米価が高騰すると、蔵米を競争入札にかけたのだ。これに激怒した百姓たちが起こした騒動は数年にわたり、幕府の裁定に持ち込まれると、寛政四（一七九二）年に藩主著朝は隠居させられた。その後、藩政改革などが行われたが、嘉永四（一八五一）年、家老の斉藤八百四郎による次期藩主・堀之美《ゆきよし》暗殺未遂事件が起こるなど、藩政は常に不安定だった。

越後国の糸魚川《いといがわ》藩は、越後松平家が管理したり幕府領になったりしたが、享保二（一七一七）年に越前松平家の松平直之が一万石で入った。藩の財政は享保末期から悪化が始まるが、それと前後して天災が相次ぎ、悪化に拍車をかける。藩は新税の設置や増税を行ったが、それが領民の怒りを買った。事態を打開しようと、文化十一（一八一四）年に改革が行われたが、これも農民からの搾取を主とするもので失敗し、さらに文政二（一八一九）年の郡代の苛酷な御用金徴収に領民の怒りが爆発して騒動が起こった。おまけにペリー来航による海防対策でさらに支出が増大すると、財政難はいよいよ深刻なものとなったのである。ちなみに、七代藩主・松平直廉《なおきよ》は、安政の大獄で隠居させられた松平慶永《よしなが》（春嶽《しゅんがく》）に代わって越前松平家を継ぐこととなった。

「給料制」大名と「借金」大名

その他、藩それぞれの事情による困窮もある。摂津国の麻田藩は、江戸前期の二代藩主・青木重兼《しげかね》の時代の寛文年間（一六六一〜七三）に乏しい一万石の中から黄檗《おうばく》宗万福寺の伽藍《がらん》建築に莫大な経費をつぎ込んだため、藩財政は窮乏した。財政建て直し策として酒や油などの必需品の領内生産の奨励、藩札の発行等の策を講じたが効果がなく、とうとう藩札の管理は領民に委《ゆだ》ねられるようになったのだった。

常陸《ひたち》国の宍戸藩一万石は水戸藩の支藩だが、文化年間（一八〇四〜一八）の六代藩主・松平頼敬《よりゆき》の頃から小藩ならではの藩財政の窮乏化と共に、天災による農村荒廃が続いた。藩は北陸などから逃げてきた百姓の入植を奨励したが、失敗に終わり、天保年間には窮した百姓が水戸藩に対して救援を求める越訴《おっそ》を起こすほどだった。

三河国の田原藩に、戸田氏に代わって寛文四（一六六四）年、一万二千石で入った三宅氏が小大名ながら田原城を居城とする城持ち大名として許されたのは、南北朝時代に南朝方で活躍した児島高徳《たかのり》に遡るほどの名門だったからである。が、石高に比べて藩士が多く、さらに田原の地も痩地だった上に風水害の被害も多く、常に財政難に苦しんだ。それでも、天保三（一八三二）年に家老になった渡辺崋山は、人材登用のために給与改革や備蓄のための義倉を整備し、天保の大飢饉から藩を救っている。ちなみに、東京の三宅坂は三宅家の藩邸のあった場所である。

近江国の山上藩は、一時、幕府領になっていたが、元禄十一（一六九八）年に元若年寄の稲垣重定が常陸国から一万三千石で移封されて再び山上藩が立藩された。三代藩主・稲垣定享《さだみち》の時代に江戸の大火で上下両屋敷が焼失して出費が相次いだため、定享は質素倹約や新田開発を主とした藩政改革を断行したが失敗に終わり、その後の天明の大飢饉で藩財政は窮乏していった。また、歴代藩主の多くが若年寄や大坂加番、大番頭や奏者番《そうしゃばん》などの要職を歴任したことも藩財政の悪化を招いた。

出雲国の母里《もり》藩一万石は、出雲松江藩の支藩だが、当初は領地がなく蔵米支給だった。いわば給料制である。領地が与えられたのは貞享《じょうきょう》元（一六八四）年二代藩主・松平直丘《なおたか》の時代である。

それほどまでに小さな藩ではあったが、大名の座は権力欲の的となるようで、お家乗っ取り騒動が起こっている。四代藩主・松平直道には嗣子《しし》がなかったので、直道の愛妾《あいしょう》を妻とした家臣の平山弾右衛門が我が子を藩主の落胤《らくいん》と称し藩の乗っ取りを計画したのだ。

しかし計画は露見し、弾右衛門は死罪となった。結局、直道の弟松平直行が第五代藩主となるが、この頃から藩財政は窮乏し、石見銀山から拝借銀を重ねるなど、自転車操業を繰り返すことになる。山間《やまあい》の母里藩は農業に適さない上、産業や特産物もなかったので、財政再建はままならなかった。

甲斐府中に増転封された柳沢吉保と、その長子吉里は新田《しんでん》藩を創り、吉保の四男・柳沢経隆と五男・柳沢時睦《ときちか》にそれぞれ一万石の新田を分知した。宗家の柳沢吉里は大和郡山《こおりやま》藩に移されたが、郡山には新田の代地がなかったので、代わりに経隆は越後蒲原《かんばら》郡黒川に黒川藩一万石を与えられ、時睦は越後蒲原郡三日市に三日市藩一万石を与えられた。両藩とも藩主は定府で、藩主が初めてお国入りしたのは幕末である。

黒川藩の藩領は山地が多くて新田開発が困難な上、生産性の悪い土地での実高は一万石を切っていたとも言われている。そのため、厳しい年貢増徴にもかかわらず、本家の郡山藩から借金してやりくりする有様だった。しかし財政は悪化し、天保十四（一八四三）年には五千両余りの借金を抱えていたという。

三日市藩も黒川藩と同様で、藩の成立直後から膨大な定府の出費が続いたため、藩財政は極度に悪化し、天保十四年頃の藩の借金が二千百九十両あったという。当然、財政再建を主とした藩政改革が試みられたが、財政をさらに悪化させることになった。

さらに、幕末期には外国船に備えて、軍備増強に多額の経費を投入した上、幕府から新潟町の関屋・青山海岸（現在の新潟市）や江戸飛鳥山《あすかやま》近辺の警備を命じられたことや、安政の大地震での藩邸復旧費用、朝廷に対する費用などの出費も重なって遂に藩財政は破綻寸前となった。

　支藩の場合は、親元（本藩）から面倒を見てもらうこともある。

　伊予国の新谷《にいや》藩は、伊予大洲藩の支藩で一万石だが、分知のことで内紛が続いていた。江戸後期になると、河川の氾濫《はんらん》や火事などで、一万石ではやりくりできず財政は破綻し、一時、親元の大洲藩に藩政を見てもらったくらいだが、それでも改善できず、明治には石高は一万石を割り込んでいた。

　領地がなく、本藩から蔵米を支給され続けていた藩もある。出羽国の米沢新田藩一万石がそれで、藩庁も米沢城内に置かれていた。

第二章　五千石でも十万石「格」大名、喜連川氏の正体

百万石と張り合う五千石

武家社会は、全てが家格によって決まる

小大名の中には、一万石どころか、もっと小さな藩があった。奥州街道喜連川《きつれがわ》宿（現在の栃木県さくら市喜連川）に、城下町と宿場町を経営する喜連川藩で、その石高はわずか五千石なのである。五千石は旗本なら堂々とした大身だが、三代将軍・徳川家光が大名の定義を一万石と定めてから、九千九百石でも大名とは遇されないはずなのに、おかしな話である。

その上、喜連川家には、なぜか十万石の家格が与えられ、「御所」、「公方《くぼう》」の称号を許されていただけでなく、江戸城に登れば微禄《びろく》にもかかわらず高い家格の詰め席が与えられ、御三家や百万石級の大大名と肩を並べていたのだ。

それでは、何事も家格で決まる江戸城中での、喜連川家の待遇を具体的に見てみよう。

将軍が謁見《えっけん》するのは、臨時の場合は別として年始、八朔《はっさく》、五節句、月次《つきなみ》などだが、大名が将軍に御目見えする間（部屋）と座席（位置）は、家格や身分によって決まっていた。

そして、身分は大きく分けて、単独で御目見えできる四品《しほん》以上の者と、団体でしか御目見えできない諸大夫《しょだいぶ》とに分かれる。四品とは四位《しい》、諸大夫は従五位下《じゅごいのげ》である。

謁見の間も年始、八朔、五節句、月次で違ってくるが、年始の場合を例にすると以下のようになる。

年始の挨拶は、将軍と大名がお互いに「おめでとう」と新春を祝い合うのではなく、大名から将軍への御礼言上《ごんじょう》だが、身分や家格によって、一日、二日、三日と三が日に分けて行われ、服装も将軍と侍従以上の者は直垂《ひたたれ》、四位の者は狩衣《かりぎぬ》、五位の諸大夫は大紋《だいもん》、六位の布衣《ほい》は布衣（無紋の狩衣）、平士は素袍《すおう》と決められていた。

元旦、将軍は私邸である中奥の御座之間で、家族である世嗣《せいし》や御三卿《きょう》の挨拶を受けた後、表向きの白書院に出御して御三家はじめ大大名から順次、年賀を受けることになる。

白書院は二十八畳の上段之間と二十四畳の下段之間、それに付属する帝鑑之間、連歌之間からなり、それを御入側《いりがわ》（畳敷きの廊下）が囲んでいて、百二十畳になる。上段と下段には段差があって、上段の床が五寸八分（一七・六センチ）高く、天井は格《ごう》天井で九寸八分（二九・七センチ）高くなっている。

将軍は上段之間に着座し、拝謁《はいえつ》者は下段に進んで献上する太刀、太刀目録を置いて平伏する。敷居の内、何畳目、あるいは敷居の外、何畳目などと細かく位置が決められていて、せいぜい四畳目に手をつければ感激するほどだから、たいてい将軍ははるか彼方で顔などははっきりと見ることはできない。しかも半畳の差が大きく、うっかり位置を間違えたり、畳の縁《へり》に手をついたりすると目付に叱られることになる。

細心の注意を払いながら無事、所定の位置に平伏すると、老中が「土佐」「出羽」「薩摩」などと披露し、盃や時服を拝領し、それが済むと直ちに退出する。このときの太刀は、木製の飾太刀で、下賜される時服は大名が五節句に献上したもので、将軍家では、それを保管して使うのである。

ついでながら、四品は国主格とも言われるように、ほとんどが十万石以上で、四品になれる大名家は五十一家あるが、その中で十万石未満は美濃高須三万石、伊予西条三万石、上野吉井一万石、石見浜田六万一千石、陸奥守山二万石、播磨明石八万石（十万石格）と喜連川五千石しかない。

だが、それぞれ御三家の別家か親藩、御家門（松平姓を許された家）、公家の家柄だから、いくら十万石格だといっても、外様で五千石の喜連川が四品だというのは、やはり別格中の別格である。さすが、「御所さま」、「公方さま」の貫禄だという以外ない。

「控えの間」による序列は絶対のもの

登城したときの控えの間も家格によって違うが、明暦の大火で江戸城が炎上し、再建された後から徐々に決まっていったので、それ以前はその場その場で適当にやっていたらしい。喜連川家の控えの間は時代によって替わり、五代・氏春《うじはる》のときは松の大廊下部屋で、六代・茂氏《しげうじ》のときから柳之間御茶所になり、衝立《ついたて》で仕切って火鉢が出たと茂氏は語っている。

喜連川の控えの間が大廊下から柳之間に移ったというのは、序列上どのような変化なのか。

大廊下は上之部屋と下之部屋に仕切られていて、上之部屋には御三家が、下之部屋には将軍家連枝（兄弟）が詰めた。公家から一万石の大名になった鷹司《たかつかさ》松平家が例外的に下之部屋を許されていたが、五千石で大廊下を許されていた喜連川は例外中の例外といえる。

次に格の高い大広間は、国持ち大名（国主）および准国持ち大名（准国主）の席で、国主以外でも四品以上の親藩や外様大名はこの席だった。

溜之間《たまりのま》は、黒書院溜之間とも呼ばれ、ここには定溜《じょうだまり》といって、将軍家と縁の深い会津松平家、彦根井伊家、高松松平家の三家や、長年老中を務めた大名家が一代限りの飛溜《とびだまり》として詰める格式が高いものだったが、幕末には次第に増えて、稀少価値が薄れたらしい。

帝鑑之間は、別名「譜代席」とも呼ばれ、十五万石前後の譜代大名が詰めた。

柳之間は、五位および無官の外様大名・交代寄合・表高家《おもてこうけ》・並の寄合衆が詰め、准国主でも五位のときはここで、四品に昇進すると大広間に移る。喜連川は四品だから、理由は分からないが、茂氏のときに柳之間に移ったというのは、格下げになったということだろうか。

ついで雁之間《かりのま》に詰めるのは幕府成立後に新規に取り立てられた大名のうち、城主の格式を持つ者だが、「詰衆」と呼ばれ、毎日登城した。

菊之間は、新規取立の大名のうち、無城の大名と、大番頭、両番頭、旗・鑓《やり》奉行武役の職を務める旗本が詰めた。菊之間には大名当主が詰めることはなく、雁之間に詰める大名の嫡子の席とされるほか、親が若年寄、奏者番《そうしゃばん》を務めている旗本の嫡子も、菊之間縁頬《えんがわ》としてこの間に詰めた。

百万石に対抗心を燃やす御所さま

喜連川藩に対する徳川将軍家の処遇の特異性は、城内の儀式を記録した『奏者番留書』にも書き残されている。

奏者番は、城中での取り次ぎ役である。譜代大名が任命されることが多く、出世の登竜門的な役職で、『奏者番留書』は、年頭の御礼や初の御目見え、家督御礼などの儀礼について職務上必要と思う先例を書き留めたものである。

その構成は、テーマ別に御三家之部、御三家使者 幷《ならびに》 家臣之部、松平加賀守之部、喜連川之部、松前之部、吉川左京之部、山村甚兵衛・千村平右衛門之部、米《め》良《ら》主膳之部、加藤図書助之部、長岡帯刀《たてわき》之部、本多内蔵助之部、御門跡方之部、両本願寺之部、増上寺之部、寺社之部からなっているが、喜連川はそのモデルの一つとして重要だったのだ。

こと細かに同じようなことを書き留めているが、喜連川に関するその一部は次のようである。

「一、年頭御礼、大広間二之間ニテ当番御太刀請取」——正月の御祝を申し上げるために登城し、大広間二之間で太刀を請け取った——後、御中段の一畳目の下段に太刀を置き、松の襖のほうに寄って、中段から三畳目に下がって少し上に寄り「喜連川左兵衛督《さひょうえのかみ》」と披露される。

御白書院では御敷居より三畳目に太刀を置き、身体は一畳目で御礼を申し上げる、とあり、さらに細かく書き込んでいる。そして、最後には「披露いたし様ハ先格之通故」——その作法は従来どおりだから略すとあるから、もっと細かく複雑な作法があったのだろう。殿さま暮らしも大変である。

また天和二(一六八二)年七月二十八日、白書院で「左兵衛督(昭氏《あきうじ》)総領喜連川戌王丸（氏春）」が初御目見えした記録には、「御馬代として銀を献上した上で、太刀を敷居の内の三畳目に置き、一畳目でお礼をした。このときに御取合せがあった」とある。御取合せとは、老中や若年寄が、本人に代わって返答してくれることである。

ちなみに、諸大名は御目見えのたびに金や銀、蠟燭《ろうそく》などを献上するが、一方的に将軍に差し上げるのではなく、大体は倍になって返ってくることになっている。

文化十二（一八一五）年十一月に書かれた「喜連川家格式書付」によると、四代・昭氏の初御目見えは白書院で行われたが、「下段敷居の内、三畳目に太刀を置き、老中の披露があって二畳目で御礼し、老中の御取合せがあった」とあり、これについて、五代・氏春のときは奏者番の披露があり、一畳目で御礼しているので、「昭氏より一畳分格下げになった」とある。

つづいて、「このとき、加賀は敷居の外に座って会釈《えしゃく》してから敷居の内に入って一畳目で御礼するが、当家は直に敷居の中に入った」と、百万石に対抗心を燃やしている。

喜連川藩を成立させた「美貌の城主夫人」

極小貧乏藩なのに「御所さま」

家格もさりながら、喜連川藩主が「御所さま」と呼ばれていたことも不思議である。天皇や上皇などやんごとない方々やその住まいを御所と言い、将軍が隠居して「大御所」と呼ばれるのは耳慣れているが、大名が御所さまと呼ばれるのは聞いたことがないし、事実、御所号を許されていたのは、江戸時代の武家では喜連川家の当主だけである。また、「公方」の尊称も許されていたが、公方とは、五代将軍・綱吉を「犬公方」、九代将軍・家重を「小便公方」などと揶揄《やゆ》したように将軍のことである。

要するに喜連川家は、たった五千石しかない貧乏藩だが、百万石の大大名が足《あし》許《もと》にも及ばない別格中の別格として遇されていたのである。

さらに、石高の五千石にしても、「無高」の五千石である。「無高」とは、幕府から「高」を賜っていないという意味だから、ほかの大名家のように徳川将軍家の臣下として従属するのではなく、いわば幕府の客分である。だから、五千石でも徳川と対等な大名なのである。ほかに無高の大名家として松前藩があるが、北海道では米が収穫できないので石高で示すことができず、他の物産からの収益を換算して一応「無高」の一万石としたのである。

そして、喜連川藩主の「御所さま」は客分だから、幕府への忠誠の証《あかし》として諸大名に課せられた参勤交代をはじめ、さまざまな役務が免除されていたのである。

しかし、なぜ定義から外れ、御所号を許された極小の藩ができたのか？

それは、関白・太政大臣豊臣秀吉の「すけべ心」のためだった。

豊臣家滅亡後、「御所」号をはじめ、特別待遇を与えたのは徳川家康だったが、秀吉と家康の両者に共通していたのは、「名家」に対するコンプレックスなのである。

特別扱いの原因となった「名家」とは、足利氏である。

喜連川氏の元の姓は足利氏で、足利尊氏の四男・基氏《もとうじ》を祖とする鎌倉公方系統の足利氏である。

将軍・足利尊氏の同母弟で副将軍とも両将軍とも呼ばれた足利直義《ただよし》が対立し、それに執事《しつじ》の高師直《こうのもろなお》が絡んで内紛になると、争いは数代にわたり、その過程で京の将軍家とは別に鎌倉公方が力を持つようになる。その鎌倉公方が代々関東を支配し、次第に京都の将軍家と対立するようになったのだった。

四代鎌倉公方・持氏《もちうじ》は、永享の乱で六代将軍・足利義教《よしのり》に敗れて自害すると、持氏の遺児の大半が殺されたが、末子で赤子の万寿王丸は助けられた。

万寿王丸はやがて足利成氏《しげうじ》となって五代鎌倉公方となったが、内紛が続く中、上杉の勢力に追われて享徳四（一四五五）年に下総国古河《こが》を本拠地とし、初代古河公方となる。

他方、室町幕府が長禄二（一四五八）年に新たな鎌倉公方として東下《とうか》させた足利政知《まさとも》は、幕府権力の衰退と上杉氏内部で政知擁立に異論が出たため、伊豆の堀越を御所とする堀越公方となった。

これ以後、約三十年にわたり、古河公方と幕府・堀越公方・関東管領《かんれい》上杉氏の勢力とが関東を東西に二分して戦うことになるが、結局、幕府は改めて成氏を関東公方として承認し、堀越公方は伊豆一国を支配することになった。その後、関東管領の上杉氏の内紛があり、その間隙《かんげき》を縫《ぬ》って相模で北条早雲が台頭するなどして、成氏が鎌倉に戻ることはなかった。

その後、二代古河公方・足利政氏《まさうじ》は、息子の足利高基《たかもと》と不和になって対立した。さらに出家していた高基の弟の空然が還俗《げんぞく》して足利義明《よしあき》を名乗り、上総国真《ま》里谷《りやつ》氏や安房の里見《さとみ》氏の支持を得て小弓《おゆみ》公方として独立した。いずれも上杉氏に絡むものである。政氏は古河公方の位を高基に譲って出家している。

その後、小弓公方・足利義明は、関東一円に支配権を築こうとして兄の古河公方・高基やその子の四代古河公方・晴氏《はるうじ》との抗争が続くが、政氏の死後、高基は新興勢力の小田原北条氏と結び、嫡子・晴氏の妻に北条氏綱《うじつな》の娘（芳春院）を迎えた。

天文七（一五三八）年、国府台《こうのだい》の戦いで義明が氏綱と戦って討ち死にすると、四人の家臣が戦場を離れて小弓城に戻り、義明の子・国王丸と二人の女子を連れて安房の里見氏を頼ったのである。

国王丸は成長して頼淳《よりずみ》（純）となり、四人の子どもをもうけるが、育ったのは島（嶋）子、国朝《くにとも》、頼氏《よりうじ》の三人だった。後に、この島子が喜連川藩の誕生に重要な役割を果たすことになる。

その後、北条氏綱が没すると、四代古河公方・晴氏は氏綱の後を継いだ北条氏康と対立した。晴氏は和解した扇谷《おうぎがやつ》・山内両上杉家の連合軍に加わって大軍で北条家の河越城を包囲したが、膠着状態が続いた後、天文十五（一五四六）年の「河越夜戦」で、連合軍は北条氏康に惨敗した。

晴氏はその後も古河城に拠《よ》って北条方に抗するが、天文二十（一五五一）年の平井城の戦いに上杉が敗れると晴氏は孤立し、家督を子・義氏に譲って隠居したが、それでもなお、晴氏は長男・藤氏らと古河城に籠城し北条に反抗している。

しかしその後、相模秦野《はだの》に幽閉されたのち、鎌倉葛西谷《かさいがやつ》を経て、下総関宿城にいた五代古河公方・義氏の許へ移された。このときの義氏は実権を失い、北条氏の傀儡《かいらい》にすぎなかった。

ふたたび古河城に戻された義氏が、天正十一（一五八三）年に四十三歳で死去すると、嫡男・梅千代王丸が夭折《ようせつ》していたため男系の跡取りがなく、古河公方家は断絶したのである。

が、家臣団は梅千代王丸の姉の足利氏姫《うじひめ》を古河城主として擁立した。氏姫はまだ九歳だった。この幼い姫が、その後の喜連川藩誕生の元になる。

秀吉の泣きどころ

それは、天正十八（一五九〇）年に豊臣秀吉が小田原征伐の号令を発したことから始まった。全国制覇する勢いの秀吉の命に、殆どの戦国大名は従ったが、下野国喜連川の大蔵ヶ崎城（倉ヶ崎城）十七代城主の塩谷惟久《しおのやこれひさ》はなかなか腰を上げなかった。塩谷家は八幡太郎の通称で知られる源義家の血を引く名門で、その意識が禍《わざわ》いして成り上がり者に従うのをためらったのだろうが、ぐずぐずしているうちに戦は終わってしまったのだ。

参戦の機会を失った惟久は秀吉の怒りを恐れ、家族や家臣を残して出奔《しゅっぽん》したまま行方不明になったのである。源氏の血を引く武将らしくもなく、よほど秀吉が恐かったのだろう。小田原北条方として参陣して秀吉軍と戦ったわけではないのだから、言い分があれば名門らしく堂々と申し開きをすればよかったのだ。

現に、秀吉の許に参陣しなかったり遅参したりしたのは惟久ばかりではなく、例えば伊達政宗は前年、秀吉側の陸奥会津の芦名盛重（義広）を摺上原《すりあげはら》の戦いで常陸へ追いやった上の遅参である。小田原で成敗されると思った政宗は、甲冑に身を包み、その上にまっ白な陣羽織をはおる死に装束で小田原に入り、許されたのだった。

そこまでしなくても、遅参した那須衆の宗家・那須資晴《すけはる》は、所領は没収されたが命までは奪われず、子の資景《すけかげ》と共にそれぞれ五千石を与えられ、小田原城に籠城していた下野国皆川城主・皆川広照は、落城前に城を出て秀吉に詫《わ》びたので一万三千石の大名になっている。

惟久の出奔で四百年続いた喜連川塩谷氏は滅亡した。後に残された城主夫人・島子は、国府台合戦で討ち死にした小弓公方・義明の孫で、惟久に嫁いだのは天正十六（一五八八）年だった。

天正十八年七月に北条を滅ぼした秀吉は、会津に向かう途中、宇都宮に滞在したが、豊臣家五奉行の一人、増田《ました》長盛から島子のことを聞くと、島子を召し出した。

島子と共に城を護《まも》っていた旧塩谷の重臣に付き添われて秀吉に拝謁した島子の顔を見た秀吉は一目惚れした。島子は、絶世の美人だったのだ。

が、そんなことは噫《おくび》にも出さず、「夫・惟久には二心是なく」と、塩谷家の存続を願う島子の訴えを聞くと、続けて「古河公方家のその後はいかがなりや」と話題を移した。

島子は「五代・義氏の死を最後に古河公方家は断絶したが、遺児氏姫が古河城から鴻巣《こうのす》館に移って暮らしている」ことを説明し、小弓公方・義明が国府台の戦いで討ち死にして以降のことを話した。

すると、秀吉は島子に化粧料として喜連川に塩谷の遺領三千五百石を与え、側室にした。そして、氏姫に所領三百貫（約三百石）を、島子の弟・国朝には塩谷の庄に四百貫（約四百石）を与え、国朝を氏姫の婿として古河公方家を再興させたのである。

秀吉の建て前は「名家の断絶誠に惜しい」ということだが、秀吉は美人に弱いだけでなく名家コンプレックスで、島子が「足利」氏の上に美女とくれば言うことはない。ちなみに、秀吉の側室の中では島子が最高の家柄である。

このとき、秀吉は氏姫に「御家を再興する志は喜ばしいことです。それについて、国朝との縁組が無事に終わることを願っています。そのうえに、もし何処に移られても、今の待遇を少しも変えることはないので安心してください——」という趣旨の書状を送っている。

十二月に下総国古河鴻巣館で婚儀が執《と》り行われ、国朝は喜連川に城主として入った。島子は、秀吉から化粧料として与えられた三千五百石を国朝に譲りたいと願い出て許された。

名家が再興されてめでたいが、古河公方と小弓公方は、国朝の祖父・義明が古河公方家から独立して小弓公方を名乗って以来、敵対してきた関係である。氏姫はこの経緯にこだわり、生涯、鴻巣館に居続けた。

一般に、喜連川藩主は二代目まで古河と喜連川の両館に住んだとされるが、正しく言えば、奥方が頑として移住しない結果としてそうなったのである。いわば、平安時代よろしく、通い婚をしていたのだ。

喜連川氏の誕生、秀吉の死

国朝が喜連川城主となったが、古河公方家と小弓公方家の寄り合いの家臣団のトラブルは伝えられていない。国朝の統治者としての能力が優れていたと共に、古河公方家の重鎮だった一色氏久《いっしきうじひさ》が筆頭家老を務めたのも大きかったのだろう。ちなみに、一色氏は足利泰氏《やすうじ》の子の一色公深《こうしん》を祖とする足利の支族で、室町幕府の枢要を担うべき四職家《ししきけ》の一つに数えられた名家である。

国朝は、秀吉から尾張で十八万石を与えられるはずだったらしいが、残念ながら、文禄二（一五九三）年、秀吉の朝鮮出兵に応じて肥前国名護屋に赴く途中、安芸国で急病のために死去した。朝鮮への出兵の命令は国朝の父の二代小弓公方・頼淳になされたが、二十二歳の国朝が送り出されたのだった。

頼淳は、息子の跡目についての取りなしを秀吉の側近、山中長俊に依頼し、秀吉は、国朝の後継を頼淳の次男・頼氏とした。

十四歳の頼氏は、兄嫁と結婚するために、六歳のときから預けられていた房州の石塔（堂）寺から古河の鴻巣館に移された。氏姫は十九歳で再婚することになったのだ。

頼氏も兄と同じように古河と喜連川の両館を居館としたが、喜連川を名乗るようになり、喜連川家となった。

余談ながら、国朝が安芸で帰らぬ人となった後、京都で国朝の子供が産まれた。国朝が京都に一年ほど滞在している間に公家の娘に孕《はら》ませた義方《よしかた》である。

義方は比叡山に上って僧になると、生まれつき聡明な上、修行に励んで順調に僧としての道を歩んでいた。が、母に会って父の遺品を見せられ、自分の素性を知ったのがきっかけで、慶長十七（一六一二）年に喜連川家二代当主・頼氏を訪ねると、屋敷を与えられた。しかし、その資質と人望に危惧を抱いた頼氏は、長年にわたって骨肉の争いを続けて来た足利家の歴史を思い起こしたのか、慶長十九（一六一四）年に義方の屋敷に火を放った。すべてを察知し、覚悟を決めていた義方は逃げようとはせず、焼死したのだった。

喜連川に城下町が整備されたのは頼氏の代になってからである。文治二（一一八六）年に塩谷惟広が築いた山城の大蔵ヶ崎城（倉ヶ崎城）から、文禄二（一五九三）年にお丸山下に館を築き、新たに町割を行ったのである。

その翌年、頼氏は京都へ見舞いとして上ったが、このときには、尾張で十八万石を与えるという話は秀吉から出なかった。そして、文禄四年ごろから病気がちだった秀吉は、慶長三（一五九八）年に伏見城で没したのだった。

かつて秀吉の寵愛を受け、古河公方家を断絶から救った島子は、京都の東寺で

喜連川家略系図

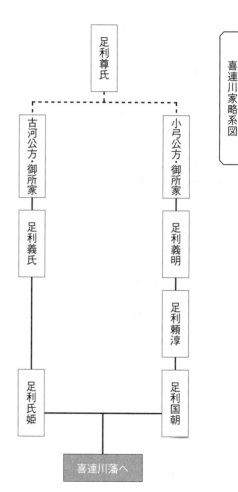

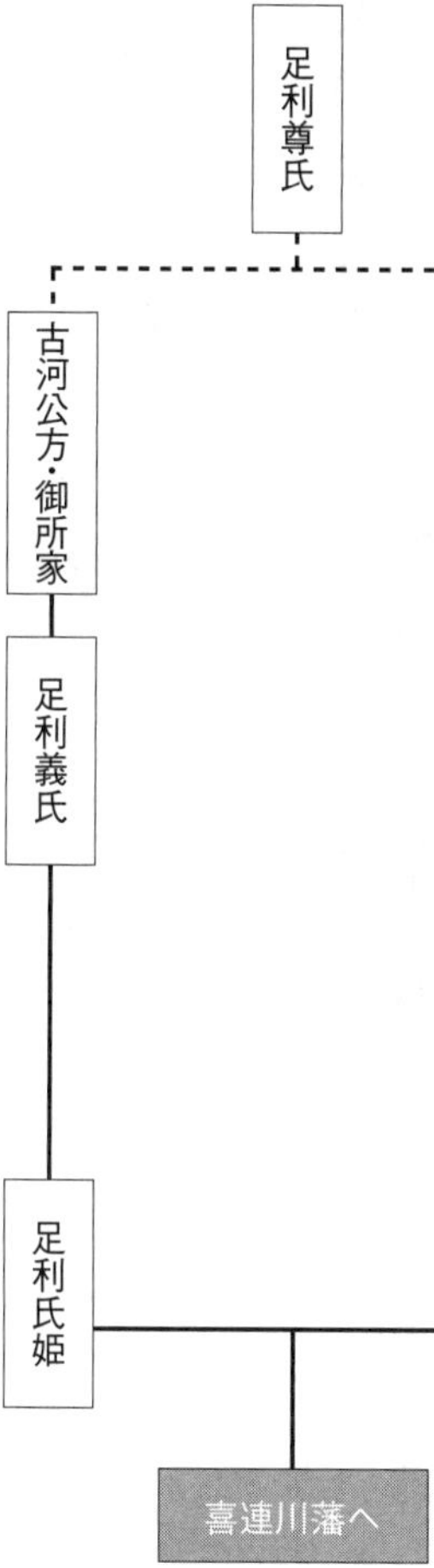

出家し、尼になったが、後々まで喜連川家を助けることになる。

だから、「御所さま」

喜連川氏の関ヶ原

慶長四（一五九九）年、鴻巣館で頼氏の嫡子・義親《よしちか》が誕生した。気位の高い氏姫は、かたくなに喜連川には赴かず、義親とともに鴻巣御所に留まっていた。

翌慶長五（一六〇〇）年九月十五日には徳川家康の東軍と石田三成の西軍が関ヶ原で激突し、その日の内に東軍の勝利で戦いは終わるが、その前の六月に家康は上杉討伐の大軍を率いて大坂を発った。

上杉景勝が家康に出したいわゆる「直江状」に対する動きだが、上杉景勝と石田三成がすでに連携していて、家康を京から誘い出すために仕組んだのだ、という一説もある。しかし、上杉討伐は家康の罠で、わざと大坂を留守にして三成の挙兵を促したものだったのは、家康の異常にゆっくりとした行軍を見ても分かる。

出兵の要請は頼氏のところにも届いた。隣接する会津の兵力は喜連川にとっても脅威であり、永禄三（一五六〇）年、には長尾景虎が関東に侵攻して五代古河公方・義氏を脅かすなど、これまでの経緯もある。

頼氏は要請を受け入れ、同じく出兵の要請を受けた那須資晴に、「……如何様出陣らに付いては、陣下において参会を遂ぐべく候……」――陣立などの話は戦場で会ったときに――と、七月二十四日付の書状を送っている。那須資晴は、前述したように秀吉の小田原攻めに参加しなかったため改易されたが、このときには五千石を与えられていて、喜連川と似たような勢力だった。

しかし、三成挙兵の知らせを待っていた家康は下野国小山から大坂に向かって大返ししたのだが、上杉に背後を突かれては困る。宇都宮には次男の結城秀康を総大将として入れ、上杉軍を牽制するとともに、最上義光《よしあき》や伊達政宗に対して景勝監視の命を下したが、常陸の佐竹義宣の行動は信用できなかった。

喜連川への要請も、上杉に対する牽制要員としてだった。

上杉軍を釘付けにするのは重要な任務で、家康は鎧を秀康に与えている。戦後、秀康はこの時の功によって越前北庄《きたのしょう》六十七万石を与えられた。

関ヶ原で勝利した家康だが、これで天下を統一して諸大名を従わせられたのではなく、しばらくの間、誰が天下を治めているのかはっきりしない時期があった。

天下人だった秀吉が慶長三（一五九八）年八月に死去した後は、六歳の秀頼が豊臣家の当主となり、豊臣政権は継続していた。五大老の一人である家康の影響力が増し、慶長四年に家康と同じぐらい力のあった加賀の前田利家が没すると、豊臣政権はますます家康が主導するようになっていた。しかし、豊臣政権の主人は、あくまでも秀頼だったのだ。

とはいえ、実質的な支配者が誰なのかは明らかである。西軍の総大将だった毛利輝元ですら江戸に人質として長男を差し出すほどだったが、「啼《な》く迄待とう時鳥《ほととぎす》」の家康は、機の熟すのをじっと待っていたのである。

優位に立ったものが一気に相手を倒し、権力を奪うのが武将の習いだが、家康は権力を奪うのではなく、推されて将軍になる形を考えていたのである。関ヶ原では「三成憎し」で東軍についた豊臣恩顧の武将たちは健在で、豊臣を倒そうとすれば、秀頼に忠誠を誓うそれらの武将はこぞって家康の敵になるのは明白である。

慶長八（一六〇三）年二月に家康は征夷大将軍になるが、それまで、江戸城は息子の秀忠に任せて、自分は豊臣政権の内大臣として伏見城にいた。しかし、諸大名による年頭の御礼には明らかに変化が表れていた。元日は大坂城で秀頼が受け、二日は家康が伏見城で受けたのだった。これでは、主君が二人いることになる。が、建て前としては、あくまでも秀頼を主君として立てておこうというのが、家康流だった。

喜連川頼氏は関ヶ原に参戦できなかったが、戦勝を祝う使者を送った。翌慶長六年に家康から千石加増され、諸役を免除されたのは、そのおかげだったのかもしれない。同年五月、頼氏の父で二代小弓公方だった頼淳《よりずみ》が、喜連川で没した。享年七十歳。喜連川の東勝寺（龍光寺）に葬られた。

外様でありながら加増された喜連川氏

晴れて家康が征夷大将軍となったが、力に自信のある大名たちは、虎視眈々《こしたんたん》と天下を狙い、そのチャンスをうかがっていた。六十二歳の家康は、そんなに長い命ではない。家康が死に、後継者が政権に就いたときがチャンスだと彼らは考えていたのだ。

しかし、家康は将軍宣下を受けた二年後の慶長十（一六〇五）年、秀忠に突然将軍職を譲ったのである。「将軍職は徳川の世襲だ」という宣告だった。これであっさりと彼らの希望は奪われたが、なかでも伊達政宗のショックは大きかった。

さらに徳川幕府は、政権を安定させるため、大名の改易と減封、転封策をとったのだ。敵対しそうな外様の藩は取り潰して危険を取り除き、そこまでしない場合でも、減封や国替えで大名の力を殺《そ》いだのである。

主なところでは、関ヶ原の直後、近江の石田三成、肥後の小西行長、備前岡山の宇喜多秀家、土佐の長宗我部盛親など、西軍側の八十八大名家が改易され、毛利輝元、上杉景勝など五大名家が大幅に減封された。

吉川広家は、出雲富田《とだ》十四万二千石から岩国三万石に、毛利輝元は安芸広島百二十万五千石から長州三十六万九千石に、毛利秀元は周防山口十七万七千石から長府三万六千石に、上杉景勝は陸奥会津百二十万石から米沢三十万石に減封の上、転封になったのである。また、佐竹義宣は中立だったが、常陸水戸五十四万五千石から秋田（久保田）二十万五千石に減封の上、転封になったのだった。

その後も旧豊臣恩顧の大名を中心に廃絶は続き、江戸時代初期の家康、秀忠、家光の三代の時代に、外様大名八十二家、親藩・譜代大名四十二家が改易されている。

改易や減封された領地は、幕府の直轄地となるか親藩や譜代大名に与えられるが、同時に外様大名を遠隔地に転封させることで、徳川幕府は権力を絶対優位なものにしていった。それは、加賀の前田家、薩摩の島津家、仙台の伊達家などの国持ち大名は別にして、中小の外様大名を頻繁に転封させて鉢植えのようにするのである。

ところが喜連川藩だけは、豊臣秀吉から三千五百石を与えられた外様であるにもかかわらず、江戸時代を通して一度も転封されなかった。それどころか、これといった功績もないのに千石を加増され、しまいには五千石に加増されている。

清和源氏が家康の生命線

慶長二十（一六一五）年五月に大坂城が落城した後の閏《うるう》六月、喜連川左兵衛督頼氏が上京し、二条城で家康に拝謁した。一国一城令が出されたのはこの月だが、間もなく武家諸法度が制定され、徳川幕府が本格化しようとする時期である。

頼氏が上京した理由は不明だが、おそらく、懸案だった豊臣家問題が決着したことへの御祝だろう。

関ヶ原のときは使者だったが、今回は、頼氏自らの言上だった。が、今度は残念ながら加増はならなかった。

大坂冬の陣では、喜連川藩は出兵を命じられなかったが、協議の末、「のんびり様子を見ているときではない」と決まり、二階堂主殿《とのも》と鹿崎玄蕃《げんば》に百余の兵を付けて上坂させた。が、途中で和平がなったという情報が入り、引き返したのだった。

夏の陣では、落城後に二階堂主殿、鹿崎玄蕃を江戸の秀忠の許に送った。将軍は藩主や嫡子には会うが、大藩であってもよほどのことがないと陪臣には会わない。それなのに、喜連川藩の家老の拝謁が許されたのは、喜連川家が幕賓《ばくひん》、つまり将軍家の客分だからだろう。

『徳川実紀』によると、頼氏が家康に拝謁した後で退出しようとした時、なんと家康が座を立って頼氏を見送ったという。これは異例のことだが、喜連川氏が室町将軍家の支族であり、鎌倉幕府の末裔であることに敬意を表したものだった。

しかし、二代目の秀忠以降は、この礼は行われなかった。

こうしてたびたび見られるように、家康は足利家を重んじ、優遇している。喜連川家だけでなく、足利家の流れを汲《く》む者は折りに触れて大事にされていた。

たとえば、元和二（一六一六）年三月、駿府城で病床にいた家康を相国《しょうこく》（太政大臣）に任じるため、朝廷が勅使を駿府城に送った。

家康はその勅使饗応の配膳役を「一色佐兵衛範勝に務めさせよ」と命じた。

が、家臣から範勝にはまだ何の官位もないので饗応の役目には相応しくないのでは、という疑問が出された。

しかし家康は「一色は足利家の一族で、その名家であることはみんな知っている。官位がなくても何の支障があろうか」と言って役目を務めさせたのだった。このことがあって、一色佐兵衛範勝は寛永九（一六三二）年に式部少輔に任ぜられたのである。少輔は従五位で少納言に相当する。

足利幕府の故実を徳川幕府に活かそうとしていた家康は、関ヶ原の後、入道して京の東山に隠れ住んでいた細川藤孝（幽斎）の許に永井直勝を学びに行かせ、『室町家式』三巻をまとめさせた。幕臣として将軍・義輝に仕えた藤孝は、足利幕府の管領家として有職《ゆうそく》故実に明るいばかりでなく、和歌の伝統を継ぎ、茶道、料理、音曲、刀剣鑑定などあらゆる学問、芸能の奥義を極める文化人だった。

ちなみに、細川家は足利の支流で、細川藤孝の藤は将軍足利義藤（義輝）から貰《もら》ったものであり、長男忠興《ただおき》（三斎）は関ヶ原の戦いの後、豊前小倉藩主となり、その子忠利の代に肥後熊本藩主となるので、後に触れるように喜連川とも無縁ではない。ついでながら、永井直勝の末裔に作家の永井荷風がいる。

家康はまた、足利義輝、義昭に仕えた本郷信富が若狭に引きこもっていたのを呼び出し、奏者番に取り立てた。室町幕府の旧儀の心得を活かしたかったのだ。

徳川二代将軍・秀忠も家康を見習った。

たとえば元和二年、野田左衛門大夫弘朝に五十石を与えたが、これも「これは古河足利氏の遺臣なり」という理由である。栗橋城主だった野田弘朝が永禄十一（一五六八）年に北条氏照に城を明け渡した後、古河城の頼政曲輪《よりまさくるわ》に住んだのだったった。

家康の事情

このように家康が足利の血筋や所縁の者を優遇するのは、清和源氏を称した自らの権威を支える必要からだった。

『徳川実紀』は、徳川氏が清和源氏の新田氏の支流、得川氏の末裔であることを詳しく述べることから始まっているが、今は家康が家系を改竄《かいざん》したのだというのが定説になっている。

祖父・松平清康が、かつて得川氏の同族である世良田氏の末裔だと主張していたこともあって、系図を新田氏につないだのである。つまり、清和源氏の血統を権威あるものとして扱うことは、強引に作り上げた自分の家系を権威づけることにほかならないのだ。

しかも、松平から徳川に改姓したのは松平一族のすべてではなく、家康個人だけだった。以降、徳川姓を名乗れるのは家康の子供の中で御三家（尾張、紀伊、水戸）になった者と、御三卿（田安、一橋、清水）の子孫だけである。

家康が系図を意識したのは、三河守に叙《じょ》されるときだったらしい。三河守は従五位下相当なので、それにふさわしい家系とするべく、世良田氏から得川、新田とこじつけたのだった。

いずれにしても、清和源氏に権威の源を求めようとすれば、新田であろうと足利であろうと、八幡太郎義家こと源義家に辿《たど》り着く。

義家の三男が義国で、その長男の源義重（新田義重）の子孫が新田義貞（源義貞）であり、義国の次男の足利義康（源義康）の子孫が足利尊氏（源尊氏）なのだ。その前の幕府を開いた源頼朝は、義家の曾孫に当たる源義朝の子である。

だから、清和源氏に辿り着けば足利氏でもよかったのだが、隣接する今川氏が足利一門だったので、足利系統の系譜に詳しい彼らに、こじつけを指摘されるのを用心して、新田氏にしたようだ。

それ以外にも、家康には新田にこだわるところがあった。

たとえば、慶長十六（一六一一）年にも朝廷は家康を相国に任じようとした。このときは辞退したが、その代りに新田の祖である新田義重に鎮守府将軍を、ついでに自分の父・岡崎次郎三郎広忠（松平広忠）に権大納言を贈ってくれと頼み、勅許を得たことがある。

同時に菊桐の紋を勅許するという沙汰もあったのだが、これは辞退した。理由は、菊桐の紋は後醍醐天皇から足利尊氏が下賜されたもので、新田氏の後裔である徳川がそれを頂くことは、風下に立つようなものだから、ということだった。

家康にとって足利氏を尊重するのが単なる方便だったことは、「足利尊氏が天下を統一したのは権謀術数によるもので、元々よくない志によるものだから、その子孫が十五代に亘って骨肉の争いを続けることになった」と、批判していることで分かる。また、山名禅高《ぜんこう》（豊国）は、室町幕府の十三代将軍・足利義輝からもらった古い羽織を大事に着ているような人物だが、家康が京都で斯波《しば》入道三松（斯波義銀《よしかね》）の屋敷に行ったとき、禅高も供をした。山名氏は新田義重の長男・

義範を祖とする。

家康は、禅高の三松に対するあまりにも慇懃《いんぎん》な態度に、「斯波の家は代々足利の管領ではあるが、その祖は足利の支族ではないか。汝の先祖の伊豆守義範は新田の正統であって、数ヵ国を太守として統治していた。今は昔のようではないといっても、どうして足利の家人に対してかようにへりくだる必要があるのか」と、帰ってから禅高を呼んで意見しているのだ。

つまり、「足利に対して礼を尽くすのも、いい加減にしろ」と言っているのである。

家康が足利を立てているのは自分のためであり、断じて風下に立とうとはしなかったのだ。

喜連川家に嫁した家康の愛妾

喜連川家と家康、そして水戸家の縁は意外なところで繋《つな》がっている。

元和二（一六一六）年四月、家康が七十五歳で逝去し、東照大権現となると、多くの側室が落飾《らくしょく》したが、その中にまだ二十歳のお六の方がいた。側室になったのが家康六十八歳、お六の方が十三歳の時である。

この時、お六の方は家康の側室お勝（お梶）の方の部屋子だったが、家康はこの大変な美少女を気に入って召したのだった。美人第一の秀吉と違って、側室は健康第一とする家康だったが、美人が嫌いだったわけではない。

家康は年齢差があまり気にならないらしく、天正十八（一五九〇）年に太田道灌の末裔のお八（後にお梶、お勝）を側室にした時は、家康四十九歳、お八は十三歳だったし、文禄二（一五九三）年に家康五十二歳で側室にしたお万の方も美人で十七歳だった。

さらに、慶長二（一五九七）年に家康五十六歳で側室にしたお夏の方は十七歳、慶長五年、家康五十九歳で側室にしたお梅の方は十五歳だった。お梅の方は、後で本多正純《まさずみ》に譲られている。

頭が良くて男勝りなお梶の方は、関ヶ原に男装の騎馬武者として同行し、勝利をおさめたのでお勝の方に改名したのだが、お六の方は家康に寵愛され、「佐渡殿、雁殿、お六殿」と言われたぐらいである。佐渡殿とは腹心の本多正信で、雁殿とは家康の好きな鷹狩のことだが、お六の方も男装で大坂の陣に同行している。

お六の方は家康の死後、落飾して養儼院となり、田安の比丘尼《びくに》屋敷に住んだが、髪は伸ばしていたとも言われる。が、ほどなく二代将軍・秀忠の命で還俗《げんぞく》し、榊原康政の養女となって、喜連川左馬頭頼氏《よりうじ》の嫡男・河内守義親に嫁いだといわれる。

御所さまの生母

榊原康政は、幼い時に松平元康（徳川家康）の小姓となって以来の側近で、康政の康は家康から貰ったものだ。榊原家初代であり、上野国館林藩の初代藩主である。

『喜連川相馬剛胤家文書』の足利家譜では、義親の項に「幼名梅千代王丸　河内守　母義氏女　室ハ榊原遠江守康勝養女」とあるが、榊原康勝《やすかつ》は、元和元（一六一五）年の大坂夏の陣後、持病の痔の出血のために二十六歳で死去しているので、この時には存在しない。また、康政も慶長十一（一六〇六）年に五十九歳で死去しているのでありえない。もし、相馬家文書が正しいとすると、お六の方は家康存命中に榊原家の養女になったことになる。

ちなみに、康政が死去した後、康勝が跡を継いだが跡継ぎがなく、その後は元和元（一六一五）年に康政の孫の忠次が継ぎ、寛文五（一六六五）年に六十一歳で死去しているので、養父になれるのは忠次だけである。

念のために、相馬家文書の足利家譜の義親の長男・尊信《たかのぶ》の母を見ると、榊原式部大輔忠政養女となっている。忠政は康政の長男の大須賀忠政のことで、忠次の父である。ところが、その忠政は慶長十二（一六〇七）年に死去しているのだから支離滅裂である。

『喜連川藩鑑』では、尊信の母は榊原式部大輔忠政女とだけあり、新井白石の『藩翰譜《はんかんふ》』には、義親の室も尊信の母も榊原式部大輔忠政養女と統一はされているが、存在しない人物だから新井白石先生も当てにならない。

なお、忠次の母は家康の異父弟・松平康元の娘である。

それはともかく、若くて美しいお六の方は、二歳年下の公方家嫡子の正室として古河で暮らすことになり、元和五（一六一九）年には義親の嫡男が産まれ、竜千代丸と名付けられた。後の三代・尊信である。お六の方は将軍さまの生母にはなれなかったが、公方さまの生母になったのである。

お六の方は、古河の鴻巣御所で竜千代丸を立派な御所さまに育てるべく、張り切ったにちがいない。なにしろ、将軍の側にいて高貴な生活の作法の心得もあるし、騎馬武者として大坂の陣も体験しているのだから、武士としての心構えだってある。お六の方の夢は膨らんだ。しかし、この幸せな日々も長くは続かなかった。

寛永二（一六二五）年三月、家康の年忌で、お六の方が日光東照宮に参詣し、持仏堂にある家康の位牌の前で焼香していると、突然、香炉が割れて額に当り、そのまま七歳の竜千代丸を残して頓死したのである。二十九歳だった。

『幕府祚胤伝』には「一説に、美人を鼻に掛けて髪を伸ばしたままで」尼にならなかったから神罰が当ったのだと書かれ、「他家に嫁したお六の方に家康が嫉妬したのだ」など、多分に「ザマミロ」のニュアンスを込めて噂された。多分、美人に対するやっかみだろう。

喜連川への嫁入りは家康の命か

しかし、お六の方は還俗して嫁《とつ》ぐことを事前に知っていた可能性もある。喜連川との縁組は秀忠の命だとされるが、家康の遺言だったとも言われるのだ。それを、かつてお六の方が部屋子として仕えていた英勝院（お梶の方、お勝の方）から聞き、髪を伸ばしていた可能性はある。髪の毛は急には伸びないが、坊主頭で嫁ぐのも具合が悪いだろう。英勝院は、家康の十一男鶴千代（水戸頼房）の養母でもあり、認知されぬまま京都の寺に預けられていた頼房の長男頼重のことを、秀忠に知らせて世に出したように、秀忠と英勝院の距離は近かった。

『幕府祚胤伝』にはお六の方は日光山中に葬られたとあるが、翌寛永三年、その菩提を弔うため、英勝院が日光山中に寺を建て、寺号はお六の方の院号をとって養源院としたのである。英勝院は、お六の方が養儼院となってからも可愛がっていたのだった。

寛永四年七月、夫の義親が古河で逝去した。奇しくも、お六の方と同じ二十九歳だった。

養源院は、明治になって廃寺になり、今はお六の方の墓と英勝院の供養塔、それに一体の地蔵と石垣の一部のみが残るだけだが、廃寺になるまでは水戸徳川家が代々の大檀家で、宿坊としても使用していた。水戸頼房を育てた英勝院の縁によるものだろう。

お勝（英勝院）は、慶長十二（一六〇七）年に家康の最後の子になる市姫を三十歳で産むが、市姫はわずか四歳で夭折した。お勝を不憫《ふびん》に思った家康はお万の方（蔭山殿）の産んだ十一男の鶴千代と結城秀康の次男・虎松（松平忠昌）、外孫の振姫（池田輝政の娘）らを預けて養母としたのである。

お勝は家康の死後に落飾して「英勝院」となって、田安の比丘尼屋敷に住んだ後、寛永十一（一六三四）年に、太田道灌の旧領で屋敷のあった鎌倉扇谷の地を三代家光より賜り、菩提所として英勝寺を建立すると、頼房の娘小良姫《さら》を玉峯清因《ぎょくほうせいいん》として迎えている。以降、英勝寺は代々水戸家縁《ゆかり》の女性が住職に就き、水戸家の御殿ともいわれている。英勝院は六十五歳で没し、英勝院殿長誉清春大禅定尼として英勝寺に眠る。

第三章　御所さまのやりくり算段

宿場が基幹産業

参勤交代で賑わう宿場

喜連川藩では、せいぜい米が商品になる程度で、これという産業がなく、宿場が大事な収入源である。

奥州街道にある喜連川宿は、江戸から二十番目の宿場で、奥州街道の起点である宇都宮からは四番目の宿場になる。距離で言うと江戸から三十六里、隣の氏家宿から二里（約七・八キロメートル）、佐久山宿へ二里三十町（約十一・一キロメートル）である。

普通、宿場町は城下町の外れにあり、治安のために入口と出口に木戸がもうけられているが、喜連川藩の場合は城下町と宿場を兼ねていた。が、喜連川塩谷氏の大蔵ヶ崎城があった小高いお丸山と、その下の御所（陣屋）を囲むように二代頼氏によって造られた町並みは、城下町としての武家屋敷町、町人町、職人町などと旅館や茶屋、本陣などが混在しているのではなく、それぞれ住み分けられていた。

つまり、宿内の長さは街道に沿って南北に十七町二十間（約一・九キロメートル）と細長く、表通りを「大通り」とか「往来」と呼び、南から荒町、下町、本町、仲町、上町、台町、河原町、田町の八町内があった。荒町は南の入口で、下町、本町、仲町が宿場で、本陣、脇本陣が各一軒の他に、旅籠《はたご》が二十九軒あり、茶屋は仲町に多かったようだ。その他、宿立て人馬は二十五人、二十五匹で、人馬継ぎ問屋が一軒あり、賑やかな中心街になっていた。上町、台町、河原町は桶屋、建具屋、染物屋、大工などの職人町で、田町が北の入口である。そして、南北の大通りを軸にして東西に短く武家屋敷町が置かれていた。

天保十四（一八四三）年の宿場内の人口は一千二百人で、戸数は二百九十軒、本陣といっても建て坪は百十五坪しかない小さな宿場だったが、同じ城下町と宿場を兼ねている大田原宿と異なり、武士階級の宿場として高級視され、奥州街道の中では、宇都宮、白河に次いで繁盛していたという。参勤交代の大名行列は、小は百人程度から大は数千人の大人数だから、宿場としては有難いお客さまである。

といっても、参勤交代の時期は、外様大名は四月、譜代は六月か八月で在府と在国は一年、関八州の大名は半年交代で二月と八月と決まっていたので普段は一般の旅人が利用し、むしろ雲助、馬方で賑《にぎ》わったと記録にある。喜連川宿には茶屋が非常に多いが、雲助、馬方たちがここで休み、飯を喰い、泊まるなどしたのである。そして、専門の商店以外に商店も兼ねる茶屋もあり、旅人は旅の不足品を調達した。

そして、旅籠や茶屋には他の宿場と同じように飯盛り女がいたが、藩主の菩提寺龍光寺の観世音菩薩のご開帳の時を除いて、軒先三寸より出ることを禁じられていたという。

茶屋は脇宿である下河戸《しもこうと》や松山などにも多く、参勤交代で宿場が混雑している場合に、雲助、馬方などはこちらの茶屋で待機していたようだ。

大事な客は飢えさせない

宿場の名物は荒川・内川で捕れる鮎鮨や煮豆だった。鮎鮨は季節ものだし、煮豆は独特の風味があって本当にうまかったらしいが、街道一と評判になるほどの個性がない。ほかには、二と七の日に市が立つぐらいだが、これも喜連川だけのものではない。これという産業がない喜連川藩では、大事な収入源である宿場を利用する人々に不自由をさせないように気を配るしかなかった。

例えば、天保四（一八三三）年の酷い凶作でも、喜連川宿では米を絶やさなかった。

江戸時代は全期を通じて寒冷な時代で、全国的に凶作や飢饉が絶えなかったが、中でも天保四年の飢饉は江戸三大飢饉の一つで、特に東北地方の被害が大きく、餓死者の悲惨な記録が多く残されている。

奥州街道の宿場の多くは米不足になり、客に飯を出すことができなくなった。一人旅の客でもそうなのに、大人数で移動する参勤交代の行列にとっては大問題である。各藩では米の手配に腐心した。

だが、名君と呼ばれる喜連川十代の御所さま・熙氏《ひろうじ》は、蔵を開いて領民を一人も餓死させなかったと同時に、旅人に対しても同様に配慮したのである。

まだ凶作の続く天保五年、仙台藩では参勤交代に先立って、各宿場に米情報を問い合わせると軒並み米の提供を断られ、仙台から間道を利用して馬で米を運ばせることにした。ところが、喜連川宿だけは「米の心配はいらない」と応えたのである。これに感激した仙台藩は、翌年の春、仙台でとれた鮭の塩引きと大麻の上下の生地を仙台侯から煕氏に贈ったのだった。

商売熱心な御所さま

地元では宿場に関わる御所さまの話がいくつか伝えられている。

一つは、参勤交代の大名が来る日には、御所さまは奥州街道の氏家宿から喜連川宿に入る連城橋まで迎えに出たという。しかし、当時のしきたりとしてこれはあり得ない。江戸幕府が開かれた初期の頃は、家康と秀忠が品川の御殿山で江戸に入る大名を出迎えた記録はあるが、これは、つい最近まで共に戦場を駈けた仲間を出迎えるもので、意味が違う。第一、供を連れた藩主に仰々しく橋の上で待っていられたら、かえって迎えられる方は迷惑だろう。

普通、宿場の入口、または手前の宿場まで大名を出迎え、宿場の出口、または次の宿場まで大名を見送るのは本陣の亭主の役目である。ところが、喜連川で現実に迎えに出たのは、藩主の使いとしての家老などの重役である。享保九（一七二四）年の記録によると、秋田藩五代藩主・佐竹義峯の参勤交代では、喜連川の黒駒蔵人が四月三日に太田原宿まで出向いている。

もう一つは橋に関する話である。参勤交代の行列が連城橋を通っていると、橋の下で釣をしていた御所さまが頭上の行列に向かって「やあ仙台侯」と声をかけた。仙台侯は驚いて、無礼を詫びると、金一封を差し出したという。

だが、これもあり得ない。当然のことながら、お忍びとはいえ、事前に通告していなくては城門を開けてもらえず、警備の面からいっても御所さまにはそれなりの人数の供が付くのだ。また、御所さまに気軽に町に出て来られては領民だって迷惑だ。

大名行列の方でいうと、本陣への連絡など先触《ぶ》れが先行し、他の大名とすれ違わないかどうかの偵察も出る。宿舎を本陣というように、大名行列は軍事行動だから、怪しい者が橋の下にいれば、行列を襲う一味かと疑って当然報告をするはずだし、そうでないなら殿さまの供をする武士としての資格がないことになる。

また、仙台侯の行列は三千五百人もいて長いので、殿さまが橋の上に差し掛かる頃には、行列の先頭はすでに本陣に到着しているはずで、その連中も橋下の集団には気付いていなければならない。

　こんな話もある。キャンセルにクレームをつける御所さまである。

　一度、仙台藩が費用節約のために喜連川を迂回して参勤交代したことがあった。大事なお客さまに逃げられ、宿場は当てが外れた。御所さまは参府の義務もないのに江戸に上り、伊達侯に嫌味を言ったという。

　しかし、これもあり得ない。第一、参勤交代のルートも宿泊地も固定しているものではなく、気紛れで宿を替えることもあるし、出合いたくない行列を避けるために前もって情報を集めて宿を替え、時には脇道をとるなど、大名たちは、臨機応変に対応していたのである。また、参勤交代の費用は、仕度などの分は別にして宿泊費、中間《ちゅうげん》の日当などに日数を掛けたものだから、別の宿場に泊まっても費用は同じである。まして、嫌味を言いに行くとは、御所さまの人格にかかわることである。

　これらのエピソードは、領民の願望が伝説となったものだろう。貧乏な小藩の御所さまが領民のためにガンバってくれている、というイメージが伝えられたのではないか。

御所さまに敬意を表す大大名

喜連川では仙台藩の行列を大歓迎した。大名行列の人数が三千五百人にもなる上得意のお客さまだから、宿場中が賑わって宿場の商人たちが歓迎したばかりでなく、家中全員で歓迎したのである。それは、御所さまだけでなく、家中の全員にお土産をくれたからで、家臣たちは、「仙台様の御泊まり」を首を長くして待っていたのだった。

だが、お土産を渡すのは特別なことではない。普通、大名が他人の領地を通る場合、「街道は天下の往来だ」と言って大きな顔をして通るのではなく、他藩の領地だからそれなりに気を使うものである。滅多にあることではないが、気に入らなければ自領の通行を断ることもできるのだ。実際、尾張藩が明石藩主の参勤交代の通行を断ったことがあった。

肥前・平戸九代藩主の松浦《まつら》静山によると、仙台侯には独特の接待法があり、気前の良い殿さまだったらしい。

来客があると、先《ま》ず親戚や一門、一家の者が待ち受けていて応対し、仙台侯が現れるのはしばらく経ってからである。挨拶がすむと一通りの接待だが、その後、決まって馬場に出て、主客共に乗馬になる。

客は名馬の産地・仙台の馬の中から自由に選び、乗り具合や毛色を褒《ほ》めると、その馬をプレゼントしてくれるのだ。乗馬の後、元の席に戻ると、国許で作られた刀剣や鎗などの打物、器具類、織物などを見せられた客が、聞かれるままに気に入ったものを答えると、客が自邸に帰るまでに、先ほどの気に入った品物が届いているという気配りである。

余談ながら、仙台侯が客の刀を預かる流儀が独特で、その家の位で差をつけるのである。官位が四品の十万石格以上または城主格以上の大名の刀は袱紗《ふくさ》で受け取り、縦に持って刀架に掛けるが、諸大夫以下の客の刀は袱紗がなくて横に提げて持ち、毛氈《もうせん》を敷いた上に置いたのだ。喜連川家は四品の家格なので、袱紗組である。

また、仙台侯はわざわざ喜連川の御所さまに挨拶したが、慶応二（一八六六）年の記録によると、それを家老の大草仲以下の家中の士が追手門に出迎えたとある。これは幕末のことだけでなく、毎回同じことが繰り返されていたはずである。仙台侯のようにまではしなくても、藩主が御所さまと呼ばれる特殊な藩に対し、参勤交代の大名は、藩の大小を問わず敬意を表したという。

「様」と「殿」へのこだわり

そんなに大切な客であり、礼儀正しく敬意を払ってくれる大名を、名君と言われる十代・煕氏は、「様」でなく「殿」と呼べと命じたのである。

些細なことのようだが、代々名前に足利尊氏の「氏」の字が付いているように、源氏の流れを汲む足利尊氏の末裔であることを誇りとする煕氏にとっては重要なことらしく、「当家では、家中の者は皆、昔から諸大名を殿付けで呼んでいる。それなのに、最近では心得違いをして様付けで呼ぶようになった。これでは、折角の御家格を失ってしまうではないか。これからは昔のように殿付けで呼ぶようにきっと申し付ける」と、言うのである。

それは単に煕氏の強がりではなく、根底にあるのは、いくら大身の大名だといっても、所詮は徳川の臣下ではないか、それに比べて我が喜連川は、徳川の客分として徳川将軍家と同格だ、というプライドだった。

しばらく家中は素直に従った。が、家中で待ち焦《こ》がれているお土産の威光には敵わない。いつの間にか「仙台様」になり、他の大名も様付けに戻ったのだった。ということは、この命令が二度出されたことで分かる。

かつて、似たようなことが三代将軍・徳川家光の時にもあった。「様」と「殿」にこだわったのである。

大御所・秀忠が没した後、寛永十一（一六三四）年に三度目の上洛を果たした家光は御三家に向かって、これまでは、尾張様、紀伊様、水戸様と呼ぶのが礼儀だったが、「様」は上様、公方様と呼ばれる将軍と同格になる、と言って「殿」と呼ばせるようにして、格の違いを明確に示したのである。

御所さまのやりくり

安い給料

五千石といっても慶長六（一六〇一）年に二代・頼氏が家康から千石加増されて四千五百石になり、寛政元（一七八九）年になって九代・彭氏《ちかうじ》が家斉から五百石を加増されてやっと五千石になったのである。が、新田開発などによって幕末の元治元（一八六四）年には実高は八千石以上になっていた。といっても、石ではピンとこないので、今の金に換算して見ると、一石は一両とされ、一両は八万円から十万円とされる。金額に幅があるのは換算するものによって違うからである。

表高の五千石を十万円で換算すると五億円になるが、それが丸々御所さまの手許に入るのではない。全体を四公六民で分けるから、三千石が百姓のもので、千石を家臣に与え、御所さまの分は千石だから一億円である。これで藩の経営をするのだと考えると、御所さまの家計は火の車だったはずである。

当然、家臣の禄高《ろくだか》も少なかった。藩によって身分や役職の呼び方が違い、一般に理解しにくい名称もあるので、分かりやすいものを取り上げると次のようになる。

明和七（一七七〇）年の『家中分限覚役付』によると、上層階級の家老の百石を最高とし、用人三十石、給人《きゅうにん》十八石、近習《きんじゅう》五十石（特例）などで十石以上だが、それ以下の者は江戸屋敷留守居の十三石を除いて全て七石で、上層階級との差はあまりない。天保十五（一八四四）年に十代・熙氏が家中の再編成をして家老が二百石に上がり、給人二十二石、中老二十五石、近習十五石になったが、それ以下の同心や徒士《かち》などは七石である。

ちなみに、百石は一千万円で、七石は七十万円だが、石で表示されるのは知行地として与えられるから、四公六民の配分である。だから家老の一千万円にしても四百万円にしかならず、これではとても名門の家老としての体面は保てないし、七石ではたったの二十八万円である。だから、家臣はできる範囲で自作し、自給自足しており、実態は百姓と変わらなかった。内職に励んだのは幕府の下級武士も同じである。例えば、よく安月給の引き合いにされる三十俵二人扶持の同心の場合は次のようになる。

二・五俵が一石だから、三十俵は十二石となる。一人扶持は、男は一日に米五合、女は一日に米三合支給されるのでおおよそ三百六十倍すればよい。仮に下男、下女を一人ずつ雇ったとすると、男が千八百合で一・八石、女が千八十合で一・〇八石だから、合計すると十四・八八石となり、百四十八万八千円である。喜連川の下級武士より高給だが、女房、子供を養える額ではない。そこで、与えられた約百坪の敷地内に別棟を建てて絵師や学者に間借ししたり、野菜を自給し、昆虫や金魚の飼育、植木の栽培の他、春慶塗や竹細工などの手内職で暮らしをたてていたのである。

喜連川の安い俸給を象徴するエピソードがある。貧乏な藩にもかかわらず正保四（一六四七）年、三代・尊信《たかのぶ》の時代に家老の一色刑部一派が御所さま「狂乱」を理由として幽閉する御家騒動があった。翌慶安元（一六四八）年、幕府の裁定によって一色刑部らが遠島になるなど御家騒動が収まった。一色刑部の実弟根岸五郎左衛門（連談）は事件後も喜連川に残り、四代・昭氏《あきうじ》に仕えた後、根岸丹右衛門と改名して商人となり、兄の家老屋敷を改造して宿屋を始めた。そうして、藩お抱えの宿屋の経営者となった丹右衛門は、微禄の喜連川藩士時代よりも裕福になったという。

ついでながら、他藩の家老やお馴染みの旗本と比較すると次のようになる。

大岡越前守忠相《ただすけ》は、後に一万石の大名になるが、元は千九百二十石の旗本で、町奉行時代に三千九百二十石となり、寺社奉行時代に五千九百二十石になった。

長谷川平蔵は四百石の旗本だが、火付盗賊改になって役高千五百石と百人扶持が与えられた。つまり、大身旗本は別にして、旗本は家禄よりも役料の方が大きいのだ。

四万石も五万石も取る加賀や仙台藩などの家老は別格として、赤穂《あこう》藩五万石浅野家の筆頭家老・大石内蔵助良雄《よしお》は一千五百石、越後長岡藩七万四千石牧野家の河井継之助は慶応三（一八六七）年に中老（年寄役）となり、慶応四年には家老上席になったが、禄高は百二十石だった。異常に少ないが、藩の借金を返すために藩政改革を主導する継之助は、藩士の禄高を二千石の者は五百石に減らすなど、千石以上が居なくなるなか、自分の禄を中老になる前から上げなかったからである。

喜連川関連では、古河公方のあった古河藩は、藩主によって二万石から十六万石まで幅が広いが、八万石の藩主・土井利厚《としあつ》時代の家老・鷹見泉石《せんせき》は八百八十石で、小弓御所のあった生実《おゆみ》藩一万石の家老・市原正義は百十石、氏家三之丞は百五十石である。

他の小藩で見ると、久留里《くるり》藩三万石の家老・荒木隼太は二百石で、大胡《おおご》藩二万石の稲垣長茂は三千石、稲垣則茂は二千四百石、小泉藩一万六千石の藤林宗源は五百石、相良藩一万五千石の井上伊織は三百から六百石に、清末《きよすえ》藩一万石の内藤忠太郎は三百石、山家《やまが》藩一万石の道家政治は百二十石、柳生藩一万石の小山田主《しゅ》鈴《れい》は二百石である。

こうして見ると、家老の百石は少ないが、二百石がことさら少ないとはいえない。まして、下級家臣の七石は他藩に比べて遜色はない。可哀想なのは中間の上級家臣たちである。

御所さまの優しさ

五千石しかない喜連川の家臣のみんなが薄給ではないということは、御所さまがかなり無理をしていることになる。

つまり、喜連川の御所さまは名門の誇り故の家臣や領民を労《いたわ》る優しさで、それぞれの暮らしが成り立つように心を砕いたのである。

例えば、喜連川の荒川、内川は鮎釣りの名所だったが、下級藩士のみに鮎釣りの鑑札が与えられていた。これは、宿場の名物の鮎鮨の鮎を釣れるのは鑑札を持った藩士に限定し、釣れた鮎は仲買人を通して旅籠や茶屋に売って家計の足しにさせるためである。

また、六代・茂氏《しげうじ》は、家臣の屋敷の垣根を笹の生垣に替えさせた。鼈甲垣《べっこうがき》といわれて今も残っているものだが、垣根が板製だと腐って修理代がかかり、家計の負担になるのを気づかったのである。

この頃の喜連川は「賊徒界に入らざること三十年」で、女子供などは「賊徒の何者たるを知らざる」というから、泥棒と言われても意味が分からず、戸締まりなどしなくても平気だし、道端に荷物を置きっ放しでも盗まれることはない平穏さだったのである。それは、領内の警備が行き届いていたのではなく、門閥や身分にこだわらず有能な人材を登用したからである。だから、藩内に埋もれた人材はなく、従って不満や鬱憤《うっぷん》がなかったのだ。そして、茂氏は民の声に耳を傾《かたむ》け、貧しい者を励まし、農業にきめ細かく気を配ったので、飢《う》える者が出ることはなかったのである。

幕府でも、時の将軍・吉宗は、目安箱で民の声を直に聞き、家禄の低い家柄に生まれた者でも有能な人材は足高《たしだか》制度を取り入れて登用していた。

吉宗は力自慢で流鏑馬《やぶさめ》や犬追物《いぬおうもの》を復活させるなど武術の振興にも熱心だったが、茂氏も号鐘《ごうしょう》をボール代わりにして力自慢の家臣と遊んだり、数十人でも動かすことのできなかった大石を転がしたり、馬を担いだりした力自慢だけでなく、馬術や弓術にも長《た》けていた。

享保十二（一七二七）年に茂氏が参府した時、吉宗は強弓を引く茂氏の技を自分の目で確かめようとしたが、将軍のお成りとなると五千石の喜連川では受けきれないし、かといって断ることもできない。吉宗は老中・前田伊豆守他二名に命じて茂氏の弓術を見に行かせた。

茂氏は吉宗の使者の前で強弓を引き絞ると、見事、金的に二発を命中させた。金的とは金色紙を貼った小さな的である。

一発目に真ん中に命中した矢は堋《あずち》を貫き、乙矢《おとや》（二の矢）を小さめの矢に替えて射ると、今度は命中した矢は羽まで埋まり、筈《はず》（矢の弦をかける部分）を一寸残したぐらいめり込んだ。「箭《さ》（矢）を抜くこと能《あた》はず。鍬《くわ》を以て掘り取りたり」なので、見聞の使者は、的を貫いたままの矢と弓をそのままの状態で持ち帰り、吉宗に見せてその時の状況を詳しく告げた。吉宗は「左兵衛督（茂氏）は誠に武士の魂なり」と褒め、「古《いにしえ》の為朝にも劣るべからず、壮士（血気盛んな者）なる哉《かな》」と言って、ただ感心するばかりだったという。

これで茂氏の名声は高まったと『喜連川公方実記』はいうが、実際に茂氏の弓術を見たことのある大関括斎《かっさい》によると、鏃《やじり》は柳葉で長さが七寸（約二十一センチ）もあり幅は一寸（約三・〇三センチ）を超す。篦《の》（矢柄《やがら》）の太さは親指ぐらいで、羽も普通のものではなく、鷹羽ならば羽そのままで本末を割って使用している。弓の太さは一寸で、弦の太さは小指ぐらいだという。

また、肥前平戸九代藩主の松浦静山によると、小金牧の鹿狩りで手負いの猪が暴れて突進した時、吉宗は喜連川の左兵衛督（茂氏）を呼べと命じ、茂氏は見事に仕留めたというから、吉宗の信頼も厚かったのだろう。

そして、力自慢にもかかわらず繊細な茂氏は象牙の彫刻が得意だったが、出来が悪いと指先で押して粉々に潰したという。また、大工が槌《つち》で釘を打つのを見た茂氏は、槌を使わずに釘を指先で一気に押し込んだともいう。

こんなに強くて優しい御所さまだから領民に慕われ、その貴い御姿を見ると「有難さに目眩《めまい》がする」と言われたぐらいである。そして、御所さま愛用の「倶利迦羅不動の鉄砲」を拝むと疱瘡《ほうそう》に罹《かか》らないと言われ、御所さまが参府する時には、それを一目見ようとする人々が道中に溢れたという。

入酒法度と特産品

「御所さま」と奉られていても、それに見合った石高を与えられていない喜連川では財源の確保に苦労した。その一つが「入酒法度《いりざけはっと》」である。つまり、「酒は他藩から入れてはならん」というもので、宿場の旅籠や茶屋で客に出す酒は、本町にある蔵元「駿河屋」の酒を使うことが義務付けられていて、それ以外の酒は使ってはいけなかったのである。

独占営業の駿河屋は奥州街道一の酒造家となり、仙台に米の買い付けに行くと、「駿河屋が来た」と言って米の値段が上がったという。下野も米所であり、特に喜連川の米は上米として評判が良く、浅草蔵前で売られていたくらいだから、仙台で買い付ける米の量は大したことはなかったはずだが、わざわざ遠い仙台まで行くのは、参勤交代をする大名や藩士たちに、駿河屋は奥州の米を使っているという宣伝効果を狙ったものだろう。

その見返りとして、当然、駿河屋からは冥加金《みょうがきん》が上納され、時には娘を城に差し出すなど、領主との繋がりは深かった。

吉宗は米将軍と言われたぐらい新田開発を進めたが、特産品の奨励にも熱心だった。最上や肥後の紅花、信濃の木曾檜《ひのき》、飛騨や能登の塗物、武蔵の浅草海苔、駿河や山城の茶、摂津の灘酒、丹後の縮緬《ちりめん》、美作《みまさか》や土佐の紙、瀬戸内海の塩、豊後の明礬《みょうばん》、肥前の有田焼、薩摩の砂糖などなど、地域の特性を活かし、各藩で努力していた。喜連川でも当然、他藩と同じく特産品の生産も奨励したのである。

第一章で小藩で成功した例として、豊後国の森藩一万三千石の明礬のことを紹介した。明礬は止血剤や染料の添加剤として使用され、江戸時代以前は中国からの輸入品（唐明礬）が主だった。その後国内でも生産されるようになり、特に火山の多い豊後、肥前島原、薩摩などが主産地で、森藩が国内総生産高の三分の一を占めていたのは前述のとおりである。

しかし、その後、中国からの輸入量が増えたため、和明礬は値くずれを起こして森藩による経営は中断されたが、享保十（一七二五）年、隣接する幕領小浦村の脇儀助が、運上銀を払って森藩から権利を譲り受けて製造を再開した。ところが、和明礬の売れ行きが悪かったので、大坂の明礬問屋とともに幕府の和薬種吟味方に働きかけた結果、唐明礬の輸入禁止が実現し、再び販路が拡大したのだった。享保十五年、儀助は一時、経営を藩に返上し、明礬山は藩の直営になったが、十九年に唐明礬の輸入申請が長崎商人から幕府に提出されると、儀助は明礬商人らと反対運動を起こして輸入量を半減させ、江戸、大坂に明礬会所の設立を許されて、和・唐明礬の販路を一手に引き受けることになったのである。

さらに、宝暦八（一七五八）年に会所を京都、堺にも設けて販路の統制をし、明礬の流通を完全に独占することになったのである。森藩は山の実際の運営は商人に委ねたが、そのほかに硫黄の採掘を行うなどして、年貢以外の収入で苦しい財政を助けたのである。

喜連川の近くでは、下野や上野での養蚕が盛んで、代官伊奈忠次が技術改良してメジャーになった結城紬《ゆうきつむぎ》の例もある。しかし、喜連川では十代・熙氏の代に養蚕を勧めたが成功しなかった。また、漆の栽培も奨励していて、樹液を採る工場も建てられていたらしいが、これも成功しなかった。

運上金と寄付金

産業がなくても幕府から運上金（税金）を請求されたことがある。天明七（一七八七）年に田沼意次に代わって松平定信が老中になると倹約令を出し、いわゆる「寛政の改革」が始まった。

寛政元（一七八九）年十二月に九代御所さまとなった彭氏《ちかうじ》は、理由は分からないが十一代将軍家斉から五百石を加増された。それでも、彭氏は幕府の方針に従って質素倹約に励んだため、領内では分に過ぎた派手な暮らしをする者は一人も見当たらなくなったらしい。

そんな喜連川に、幕府の道中奉行がやって来て「鍛冶の運上金を払え」と言ったのである。この頃には製鉄のたたらの技術も発展し、鉄が道具の中心として定着していたが、喜連川では特に鉄が重要な産業にはなっていないし、家康から諸役免除の特権を与えられているので、今まで運上金はおろか賦役の話もなかったのにである。

突然の思いがけない申し出に喜連川は驚き戸惑った。応対に出た藩の役人斎藤仁衛門と鍛冶の中里岸衛門は、「喜連川は諸役免除だから、今までそんなことを言われたことはない」と応えた。

すると奉行は、「物事が分かっていないようだ。徳川氏があってこそ喜連川が存続しているのではないか。今まではそうだと言っても、新たに幕府の命令に従うべきではないか」と、返したのだった。

喜連川は、「それは理屈だが、喜連川では領主を始め領民すべてが神君（家康）の恩義を感じ、諸役御免（免除）の寛大な心に感銘しながら日々仕事に励んでいる。それを今さら覆《くつがえ》すとは、神君の偉大な遺徳を否定し、その徳を損なうことになる。誠に畏れ多く、勿体ないことではないか」と切り返すと、奉行は諦《あきら》め、税金を取られることはなかった。

一度支払うと、今後も払い続けることになる。これで、ひとまず無事に納まったが、喜連川では宿駅の仕事の助成のためとして、幕府の道中奉行に五百両献上した。非常の時に役立てるものである。

文化十二(一八一五)年には東照宮の二百回法会があったが、これは何の障害もなく例年通りに伝馬役《てんまやく》が免除になった。

熙氏が十代御所さまになるのは文政十三(一八三〇)年だが、天保九年に江戸城西の丸大改修のための募金が大々的に行われた。薩摩藩の十万両とまではいかないが、小大名でも一万両、貧乏旗本、御家人も応分の寄付をした。喜連川家と縁の深い榊原家でも一万五千両寄付している。しかし、喜連川の御所さまは、鍛冶の運上金の時とは違い、「前規に従って」断りの手紙を奏者番の阿部伊勢守正弘に送っただけだった。阿部伊勢守には、後に細川家から婿養子を迎える時に何かと世話を受けることになる。

御所さまの奥の手

大名が財政の不足を補う手段として、年貢を上げたり、裕福な町人や農民らに御用金を納めさせたり、大名貸の商人から借金するなどさまざまな方法がある。だが、年貢は四公六民が基本で、上げてもせいぜい五公五民で、いずれは領民が疲弊するし、御用金や大名貸はいずれ踏み倒すにしても有利子の借金である。ところが、喜連川では御所さまの手許が不如意になった時、金を生み出す奥の手があった。本陣を使うのである。

本陣は、その宿場に代々続く名家で、領主との関係も深いのが一般的だが、喜連川では様子が違っていた。代々続くはずの本陣の名義が頻繁に替わっているのである。それに、他藩と違って本陣と問屋が一緒になっているのも特徴といえる。

それに、旧《ふる》いことは分からないが、最初の頃は町人ではなく、家中の士《さむらい》が本陣の経営に当っていたらしい。つまり、『喜連川御家』によると、慶長六（一六〇二）年に本陣を始めた最初の石井大左衛門から三代目の「小竹三郎右衛門迄給人也」とあり、別の史料では三代目の小竹孫左衛門は宿場に莚《ござ》を売りに来て問屋株を譲り受け、やがて町奉行となって小竹三郎右衛門となったとして、「御本陣、古代は会津様、仙台様抔御銘々御本陣御持」になっていたのが、孫左衛門の時代に一つになったとある。さらに、別の史料での名義人は小竹三郎右衛門、同孫右衛門、同三郎右衛門とあり、五代目にも三郎右衛門がいて真実は分からない。少なくとも、昔から一家が家業として代々受け継ぐものではなかった。

記録がはっきりしているのは宝永六（一七〇九）年からで、寛政十三（一八〇一）年までの間に八人名義が替わっているのだ。大体十年強で代替わりしているのである。

そんなに替われば対外的にも信用が失われるのに、なぜなのか。それは、御所さまがしばしば強権を発動して本陣・問屋株を召し上げたからである。

本陣・問屋株召し上げの理由は、書類に不備があったとか印がずれていたとか些細なことだが、本当の理由は上納金が少ないということだろう。

召し上げられた本陣・問屋株は入札にかけられ、落札者は冥加金を払うのである。つまり、金さえあれば誰でも落札できるわけだ。本陣・問屋を経営するのに相応しい見識があるかとか、ノウハウがあるかが条件ではなく、宿場外の人間でもよかったのである。

しかし、いつも入札者がいるとも限らない。寛政十二年五月の場合は、前任者が諸大名に出した書類の書式や文言が不適切だったとして株を召し上げられ、慣例によって臨時に町年寄りが兼務することになった。だが、諸道具が揃わず、近く帰府する蝦夷地御用の幕吏一行の宿泊を引き受けることが困難であると町年寄が辞退したのだった。

八月になって再び「十九日迄、御会所迄入札差出し候様」とお触れを出したが、入札者がなく、さらに入札を延期したが同様で、とうとう入札は翌年まで延期されたのだった。

翌年四月には五人の入札者があり、上位二人の決戦入札となって二度目の入札が行われた。結果は、三百両と二百五十五両だったが、落札したのは安い方の二百五十五両だった。その理由は、三百両の方は「内百八十両当金　残り百廿両十ケ年賦」だったのに対して、二百五十五両の方は、「皆済」だったからである。

藩の金蔵が空っぽになって、今、現金の欲しい御所さまは、いくら入札額が高くても、年賦払いだと有り難みがない。やはり払いは現金に限る。

そして、金が入用になれば、頃合いを見て、また鑑札を召し上げるのだった。これが御所さまの錬金術である。

だが、御所さまの名誉のために一言弁護すると、自分が贅沢をしたくて財源確保に血眼《ちまなこ》になっているのではなく、領民の暮らしを良くする政治を行うためなのだ。事実、御所さまは困った人を助けたことはあるが、貧乏人をいじめたことはないようだ。本陣・問屋株の入札にしても、商人たちに強制しているのではなく、商人たちも、ちゃんと算盤《そろばん》をはじいた上での応札をしているのだ。

御所さまが領民のために頑張っているのは、喜連川の二百八十年の歴史の中で、大規模な一揆の記録が見つからないことを見てもわかる。

家臣からの借金

喜連川家は国勝手で参勤交代の義務がなく、正室や世嗣が人質として江戸に住む必要がない。とは言っても、毎年将軍家への年頭の御礼もあり、他の大名家との交際もゼロではない。江戸に藩邸を持たない喜連川家では、市ケ谷の月桂寺を宿舎としていた。この寺とは、足利国朝《くにとも》の姉で秀吉の側室となって喜連川家の元を造った島子以来の縁で、京で仏門に入った島子が、承応元（一六五二）年に平安寺という廃寺を再興したものである。とはいえ、やはり寺の間借りでは何かと不便だった。

元禄十六（一七〇三）年、吉良邸に討ち入った大石内蔵助以下の赤穂浪士が切腹した年に、四代・昭氏は下谷《したや》池之端の町家の土地を購入し、念願の江戸屋敷を建築した。

屋敷の東側は不忍池《しのばずのいけ》で、町家を挟んで西には加賀前田家の広大な上屋敷があり、その北側は水戸家の中屋敷である。南は町家を挟んで松平出雲守とあるのは加賀藩の支藩富山藩の上屋敷で、その南に隣接している松平備後守はやはり加賀藩の支藩大聖寺《だいしょうじ》藩の上屋敷だ。その屋敷から通りを挟んで南隣にあるのが、親戚で事あるごとに世話になっている榊原式部大輔の中屋敷である。

他の藩のように江戸で政務を執る必要もなく、元々家臣も少ないが、多くの人員を常駐させることはできず、江戸屋敷留守居以下三名を江戸詰めとした。

江戸屋敷の場所を、追手門から二十九町（三キロ強）の池之端に決めたのは、おそらくは、ここに中屋敷を持つ榊原式部大輔の斡旋によるものではないだろうか。

余談だが、十万石の富山藩も大聖寺藩も喜連川家の屋敷よりも広いが、幕府から拝領した屋敷ではなく、加賀藩が幕府から拝領した十万三千八百二十二坪余の一部を貸し与えられているものなので、自前で購入した喜連川の方が偉いのである。と、威張ってみても、参勤交代もなく、人質もいない喜連川藩に幕府が屋敷を与える理由がなかったのだが。

江戸藩邸に費やした金額は分からないが、御所さまにとっては大金だったことは間違いなく、昭氏は、宝永六（一七〇九）年、家中借上げを行わざるを得なかった。藩士からの借金である。昭氏の名誉のために言うと、家中借上げは他藩でも行われており、返済が滞《とどこお》る藩が多かったのだが、喜連川ではその都度きちんと返済している。

加増の機会が来た！

絶好の機会を奪った大石内蔵助

喜連川家は、初代・国朝のとき豊臣秀吉から尾張十八万石を与えられるはずだった。しかし、当の国朝の死により実現しなかった。そして時は下り、延宝八（一六八〇）年、「犬公方」で知られる五代将軍・徳川綱吉が就任したことで、喜連川の運命が変わるチャンスが生まれた。喜連川では四代・昭氏が父尊信の代の御家騒動で功労のあった元家臣の百姓五人の孫を引見し、賞を与えた頃だが、高家の吉良上野介義央《よしなか》が喜連川家の石高に違和感を抱いたのである。

吉良上野介は、足利将軍の末裔である喜連川家の石高が名誉ある家柄の大名としてあまりにも低いことを重く見て、釣り合いをとるための改善策に心を砕き、動き始めてくれたのである。

喜連川は幕府から国勝手や賦役の免除など、様々な特権や、公方とか御所とかの称号を与えられ、江戸城内の席や大名行列の道具立などでも百万石や御三家に並ぶほどの別格だった。が、どちらかといえば精神的なことであり、肝心の石高が伴わなければ現実の生活の足しにはならない。現実に、領主も領民も役割に応じた仕事をし、生活をしなければならないのだ。それなのに片田舎の五千石では、今流に言えば自己実現は覚束《おぼつか》ない。

吉良上野介義央は、喜連川家を足利尊氏と縁の深い三河国へ国替えするように綱吉に進言し、元禄十五（一七〇二）年になって綱吉の内諾を得たのである。

この吉報が吉良から市ヶ谷の喜連川の江戸宿舎に伝えられると、喜連川家は喜びに湧いた。三河は小藩が多いが、家格を考えると三万石か五万石、上手《うま》くゆくと八万石もあり得る。悪くても一万石は保証されている。正真正銘の大名になり、みんなの給料も確実に上がるのだ。夢は自然に膨らんだ。よい正月を迎えられるだろうと誰もが思った。国許の昭氏にも急ぎの使者が発った。

十二月十四日、喜連川家では早速、御礼の使者を吉良家に送った。雪の日だった。

吉良家では、「大雪になりそうだから」泊まるようにと勧めたが、使者は「有難くはありますが、主命による使者故、急ぎ帰って報告を」しなければならないと、礼を言って帰ったのだった。

大石内蔵助に率いられた四十七人の赤穂浪士が吉良邸に討ち入ったのはこの日の夜半である。肝心の吉良上野介が討ち取られ、国替えの話は残念ながらこれで立ち消えになった。

しかし、赤穂浪士が吉良邸に討ち入った夜は晴れていたのは検証されていて、雪景色での立ち回りは芝居の演出だが、これをもって喜連川に伝わるこの話を事実無根と決めつけることはできない。

吉良は四千二百石の旗本だが、ルーツは喜連川と同じ足利義氏である。鎌倉初期に足利義氏が三河守護に任ぜられてから代々守護に任官され、三河の地名を苗字にした仁木《にき》氏、細川氏、一色氏、吉良氏、今川氏など、足利一族で三河に領地を持つ支族が多く出ていたのだった。吉良氏は室町期に三河守護を務めたが、戦国時代に没落していたのを、徳川家康が見かねて拾い挙げ、高家として儀典官をやらせたのである。

吉良上野介は綱吉に気に入られていたが、将軍家と縁戚関係でも繋がっていた。義央の妻の実家は米沢藩の上杉だが、四代藩主・上杉綱憲は義央の長男三之助で、義母春子は家光の弟で会津藩主・保科正之の娘である。そして、綱憲の正室である為姫は、御三家紀州徳川家の娘だった。

さらに、嫡男のいない綱吉は、娘の鶴姫を嫁がせていた紀州の綱教《つなのり》を後継者にしようとしていた頃である。同じ足利の末裔である吉良が喜連川の国替えを綱吉に進言したことは充分にあり得ることなのだ。

十万石より大事なもの

加増の話は八代・恵氏《やすうじ》にもあった。恵氏は七代・氏連《うじつら》の養子だが、氏連が若死にしたので宝暦十二（一七六二）年に家督を継いだ。恵氏は、宝暦二（一七五二）年に伊予大洲藩主・加藤泰衑《やすみち》の次男（三男、五男とも）として生まれ、十一歳で八代目の御所さまになったのである。しかし、十代将軍・家治に初御目見えするのは明和五（一七六八）年十二月になってからである。

恵氏は、文武に優れた力持ちで名君といわれた六代・茂氏の志を継承するとともに、軍備のための費用を貯えた。一方で、明和七年には領内の孝子に米を与えて賞するなど、慈心、孝心の涵養《かんよう》にも心を配った。

『喜連川公方実記』によると、幕府では恵氏の才能を評価し、幕政に活かそうとしていたらしく、老中が「幕府の役職に就けば十万石与えよう」と勧誘したことがあった。

幕府の役職は、老中や若年寄、寺社奉行、目付、奏者番、大坂城代、京都所司代など数多いが、外様の大大名は役職に就くことはできず、十万石ぐらいから下の譜代大名か旗本の仕事である。

理由は、財力と権力の分散だった。関ヶ原以前から家臣の譜代大名は、井伊氏の彦根藩三十五万石は例外で、十万石以上は鳥居氏や榊原氏、本多氏、小笠原氏、酒井氏などで数少ない。一方、関ヶ原以降に従属した外様大名は、かつて徳川家に対抗した家も多く、前田氏の加賀百万石を始め、島津氏の薩摩藩や伊達氏の仙台藩、黒田氏の福岡藩、浅野氏の広島藩、毛利氏の長州藩、上杉氏の米沢藩、鍋島氏の佐賀藩、細川氏の熊本藩、山内氏の土佐藩、佐竹氏の秋田藩など大藩が多く、幕府の警戒心は依然として強かった。

仮に、財力を持つ外様の藩が幕府の役職に就き、政治に口を出されたら徳川将軍家を中心にした幕藩体制は脆《もろ》くなる。財力のある、いわゆる西国雄藩が政治に関わり、明治維新に繋がったのを見れば分かる。

譜代大名や旗本は外様大名に比べて石高は少なくても、権力欲と名誉欲は満足できたし、持ち出しが多いといっても時には余禄にありつくこともあっただろう。そんな良い話が外様の喜連川家に舞い込んできたのだった。普通なら、思ってもいないこんな良い話に欣喜雀躍《きんきじゃくやく》、小躍りして喜ぶだろう。余禄はともかく、五千石が一挙に十万石になるのだ。

だが、恵氏は躊躇《ちゅうちょ》なく断った。「大変有難い申し出だが、我が足利家は天皇の臣下であり、いまだかつて徳川に媚《こ》びたことはない。それなのに、今になってそのような誘いに乗れば、地下のご先祖さまに申し開きができなくなる」というのが理由だった。

そして、「五千石は僅少なれど、それでも譜代の家臣二百人を何とか養っていけている」のだと付け加えた。これを聞いた老中は、改めて感心したという。

恵氏の治世も順風ばかりではなく、安永七（一七七八）年に宿場の本町から出火し、八十軒が焼失する火事があり、天明三（一七八三）年には飢饉にも見舞われた。恵氏は凶作の対策として、天明六年になって、藩の重役を更迭《こうてつ》し、村名主や組頭など、村役人の役替えを行うなどの藩政改革を行った。

　恵氏は寛政元（一七八九）年十二月に、家督を子の彭氏に譲って三十八歳で隠居すると、大蔵大輔に叙任された。早い隠居だったが、後は憩山《けいざん》と号して悠々と書画を嗜みながら余生を過ごし、文政十二（一八二九）年五月、七十八歳で死去した。

御所さまの共産主義

新田開発の効果

藩の財政を豊かにするためには、特産品の開発以外に新田を開発して米の増産を図る方法がある。幕府でも農民の自立を促進する政策を勧め、各領主はそれを推進する手段として検地や新田開発に取り組んでいた。

喜連川も例外ではなく、三代・尊信は農民の意欲を高めようと、寛永十（一六三三）年に割地によって四百余の小農民を作り、寛永十五（一六三八）年には新田改めを行った。割地とは、耕作地を分割して村民に割り当てることである。さらに、慶安元（一六四八）年に父尊信の隠居によって七歳で御所さまになった四代・昭氏は、寛文九（一六六九）年に父の代から行われていた新田畑検地を実施している。同十二年にも本田畑の検地を行い、元禄三（一六九〇）年に行った新田改めの時に、不正を防止するために郷横目《ごうよこめ》を置いた。

米作りは代々の御所さまの最大の関心事で、天明三（一七八三）年に飢饉に見舞われた三年後に、八代・恵氏が藩政改革を行ったのは前述のとおりである。

十代・熙氏は、文政十三（一八三〇）年十一月に十九歳で家督を相続すると、養蚕や漆を産業として育てようとした。だが、思うようにはいかず、やはり藩を支えるのは米の生産だと再認識されたのだった。

嘉永四（一八五一）年、熙氏は天保十四（一八四三）年から計画をしていた検地を実施した。天保十年十二月に、「永い間、田畑や山林のほとんどの境界が曖昧になっているが、これは政治の怠慢である」として、田畑、山林の境界を確認して、土地台帳を改めて作り直したのである。

「名寄帳」が作られると同時に「本田新田米方帳」「本畑新畑林永方帳」「本畑細物帳」も作られた。熙氏は重役や役人の意見を聞いた上で、「農民の困窮を救い、村々を立ち行かせ人々を豊かにするには、境界を明確にするのが基本」だが、「田畑の位付けや標準収穫量を決める石盛、米穀で上納した年貢の取米など、細かいデータをそろえないと、ただ境界を確認しただけで、本来の目的は達成できない」という結論に至った。

問題はその他にもあった。とくに、農民が高利貸しの餌食になっていることが問題視された。金持ちの所には土地が集まり、大地主となってますます豊かになるが、貧しい者は土地を失って、農村が荒廃していくのである。

「人々の貧窮《ひんきゅう》栄枯《えいこ》ハ如何なる聖明の御代とても」免《まぬが》れないことだが、これはその家の幸不幸に止まるのではなく、一村、一藩さらに一国の存亡に関わるので、対策が練られた。事実、農民どころか、農地を担保に大名貸しから借金し、返せずに農地を取られた大名がいたのである。

土地を担保に金を貸すのは古くからあり、家康との関係が深く、朱印船貿易や高瀬川の開発などで知られる京の豪商、角倉了以《すみのくらりょうい》の角倉家も、元は土地を担保にした金融で資産を築いたのだった。角倉家は宇多源氏をルーツとする豪族で、足利将軍に仕えた後、医業と土倉《どそう》を始めたのだった。土倉は質屋と説明されることが多いが、むしろ銀行のような金融業である。

客は零細農民から荘園領主まで幅広く、年貢の徴収まで代行していたが、金が返せなくなると担保の土地を取り上げるので、資産はドンドン膨らんだ。その方法は巧妙で、担保流れではなく買い取った形をとるので、万一、徳政令が出されても、取り上げた土地は返さずにすむのである。そして、取り上げた土地からとれる米で酒造業をも営むことが多かったのである。

そのようにして、ごく自然に土地の集中化は行われた。秀吉の時代は本百姓を十石一町として一町歩が平均だったが、病気や子沢山など、家庭の事情で土地を担保に借金し、土地を手放す。結果として質地地主が生まれたのだった。

また、肥料を買うための「干《ほし》鰯《か》金《きん》貸《かし》付《つけ》」も多く行われ、寛保元（一七四一）年の喜連川領内の干鰯金貸付高は五百三十両であった。

土地が集中する実際の例を見てみよう。高根沢村の黒崎七郎右衛門家では、寛文九（一六六九）年と十二年に行われた寛文検地の時にはすでに七十五石の大地主になっていたが、宝暦十二（一七六二）年には百十石余になっていた。さらに収入面で見ると、寛政八（一七九六）年の同家の小作地からの総入高は米六十四石で、年貢として十三石納めた残りの五十一石を売米としている。つまり、御所さまに年貢として納める四倍近い米を商品化する質地地主がいたのである。

御所さまの大胆な構想

熙氏御所さまはこの現状を憂い、「金持ちを退治しなければ何も解決しない」

と思っていた。これは、水戸の烈公・徳川斉昭も同じで、「富家がいると周りの小民はいよいよ貧乏になる。国に富家がいれば、国を滅ぼす元になる」と言っていた。そこで、熙氏は貧しいものを底上げし、富める者から奪う対策を考えたのである。

これまで自由に売買されていた田畑や屋敷の広さや質をくわしく調べ、村の家数も定めた。その中で田畑を多く所有している金持ちがいたら、その規模によって田畑を付けて家を五軒でも七軒でも適正規模に分割させるのである。その上で、その家は勿論、領民全ての屋敷と田畑山林までも、家によって規模を定めた上で売買を禁止すれば、領民の誰もが土地を離れることもなく、田畑山林を持てない者はいなくなるのである。

さらに、心掛け次第で取り立てることにすれば、田畑も開け、山林も茂り、村里は豊かに稔《みの》り、皆が幸福になるはずだ。これは、金の威光によって田畑を余計に多く持つ金持ちも、親族で家を分ければ恨むこともないはずで、御所さまはこの方策を「永く富栄え候重法なれば共に快楽の事に有る候」だというのである。原始共産主義のような夢のある政策だった。

この夢いっぱいの理念の下に行われた大規模な検地は、安政二（一八五五）年の「歩石帳」の作成で完了した。これで年貢の高は決まったが、大した増収は期待できなかった。また、熙氏の最大の目的だった金持ちの分割などによる農民の均等化も、結果として行えなかった。

しかし、全てが失敗だったわけではなく、検地によって零細農民に添え地をすることで、一定規模以上の農家を創出することができたのである。嘉永六（一八五三）年の検地では、百姓に「水呑百姓有之所」だったが、この年から「水呑と申ハ壱人も無御座候」となったのだった。だが、金持ちがまだ健在である以上、全てが解消されたわけではない。

富める質地地主から土地を取り返し、それを零細農民にどう分配するかが課題だったが、御所さまには買い上げるだけの財政的な裏付けがなかったのだ。それでも、安政四年に「質地取戻仕法」が出され、翌年から実施された。

「田畑を質に取られて困っている者が多いが、特に仁恵の心で安い金利で貸し付けるので、有難くお受けするように」という趣旨である。

買い戻し金として一ヵ村に三十両の予定だったが、ままならなかった。この制度は御所さまが替わった後も明治まで続けられたが、現金のない百姓は、借りた金を他に流用する者もあり、金利が付いて返済することは、結果として百姓の負担増になった面もある。しかし、全て御所さまの責任ではない。貨幣経済の実態を理解できない時代だったのだ。

貨幣経済がかなり進行しているこの時代では高利貸しの力は根深いものになっていた。天保七（一八三六）年に大槻村で騒動が起きると村役人は全員更迭され、騒動の首謀者が後任の村役人になったことがある。だが、問題の根はなくならなかった。結局、質地地主、肥料商、高利貸しなどの前名主の協力がなくては、その新たな村役人は役目を遂行できなかった。

なにやら、行政改革を掲げ、政治主導を口にしながら、役人の抵抗に遭《あ》って再び役人の力に頼らざるを得なかったときの政府の姿を彷彿とさせる。

新しい村を造った

農民を均等化しようとする御所さまの質地対策は上手くいったとは言い切れない。だが、基本になる新田開発は代々の御所さまによって地道に行われていた。

中でも、一番大きいのが煕氏による鍛冶ヶ沢村の開墾だった。

天保十一（一八四〇）年八月、煕氏は新しい土地の開墾に着手した。発端は、下総の喜平次という者が開墾の計画を斎藤仁右衛門に申し出たことで、これに賛同した仁右衛門が用人逸見丹波為庸に相談したのである。丹波も反対する理由がないので、すぐ御所さまに取り次ぎ、許しを得たのである。しかも八年間年貢が免除されるという好条件だった。だが、この開墾の計画を聞いた人の多くは、予想される難工事に、無茶なことだと囁《ささや》きあった。

しかし、そんな陰口は好条件の前では何の障害にもならない。開墾は寝る間も惜しんで行われた。木陰になる木々を植え、池を掘り、水を引いて田に入れた。仁右衛門もよくこれを援助し、丹波も見守った。

その甲斐あって、三年後には田に苗が植えられた。そして、十一年経つと、鍛冶ヶ沢村として租税を納めるまでに成長したのである。

天保十三年には民政の最高機関として「農正」を設置し、逸見為庸を奉行に任命した。農民が人を羨んで華美に流れることのないように、質素を奨励し本分の仕事に励むようにさせたのである。

領民の暮らしと宿場を守る御所さま

領内街道の整備

慶安元（一六四八）年、御家騒動のために幕府から隠居を命ぜられた父尊信の後を、四代・昭氏が幼くして継ぎ、七歳で御所さまとなった。まだ戦国の殺伐とした気風が残り、牢人が巷《ちまた》に溢れていたころである。家光が没し、十一歳の家綱が四代将軍となると、由井正雪の乱が起きるなど、混乱した時代だった。しかし、それでも、家綱は叔父の保科正之や家光時代からの幕閣の補佐を受けて、大江戸の町作りを順調に進めていた。

喜連川でも、父と後見人の榊原忠次の補佐によって、昭氏の治世は穏やかに推移していた。慶安二年には、出家している旧塩谷の正室だった島子に、領内大槻村の百石の地を寄付している。島子が江戸市ヶ谷の平安寺を再興して月桂寺とし、喜連川の江戸宿舎となるのは承応元（一六五二）年のことである。

昭氏は寛文六（一六六六）年、菩提寺である龍光寺境内に廟を建て、足利尊氏の尊像を安置した。喜連川が御所さまとして数々の特典を享受できるのも、尊氏あってのことなのだ。

　昭氏は父の代から行われていた新田畑検地を進めると共に、寛文十二年には旅の利便性を良くするため、これまでの領内の街道のルートが早乙女村から松田だったのを、今のように荒町から田町に改める大改修を行った。昭氏は乏しい財政の中で、人々のための施策を地道に行ったのである。

　そして、天和《てんな》二（一六八二）年には、御家騒動で功績のあった五人の元家臣である農民の孫を呼んで木杯を与えた。忠義の心を大切にし、賞したのである。

　喜連川の泣きどころは宿場の両側を挟むように流れる荒川と内川の氾濫だった。享保十二（一七二七）年までは幕府が修復してくれたが、同十三年の工事以降、地元の負担になり、同十五年、寛保二（一七四二）年、天明三（一七八三）年、同六年、寛政九（一七九七）年、同十一年、享和元（一八〇一）年、文化二（一八〇五）年、同六年、同九年、文政六（一八二三）年、同八年、同十一年、天保十三（一八四二）年、弘化二（一八四五）年、慶応元（一八六五）年と氾濫による修復工事が重なり、財政を圧迫した。

宿場が経済の基盤になる喜連川では、旅人が利用する交通の重要度が高い。しかし、宿場を挟んで流れ、宿場の南方で合流する荒川と内川には橋がなく、川越人足が渡していた。ここが増水の度に足留めになるのである。喜連川では橋か渡し舟に替えることでこの不便さを解消するのが永年の課題で、幕府に願いを出していた。当然、川越人足は無料ではないのだ。

渡し賃は、あらかじめ川会所で札を買って川越人足に渡すのだが、札には川札と台札があり、人足一人に一枚の川札が必要で、荷物にも人足が必要となる。肩車の場合は川札でよいが、蓮台に乗る場合は別に台札が必要になる。蓮台には数種類あって大高欄蓮台が最高級だが、一般は平蓮台で一人乗りは四人、二人乗りは六人で担いで渡ったので、一人乗り平蓮台に乗る場合は担ぎ手四人分の川札と台札一枚が必要になる。他に馬越しというのがあって、人や荷物を乗馬のままで川越人足が付き添って渡るのだが、一般人には許されなかったらしい。

料金は水の深さによって川会所の役人が決めるのだが、寛政年間の大井川の場合は、水深が股下の場合は四十八文、帯の下だと五十二文、帯上は六十八文、胸の深さは七十八文、脇までくると九十四文になり、それ以上だと川留め（通行止め）になる。一文を三十円として換算すると、基本の水が股下の場合でも千四百四十円、脇までくると二千八百二十円だから、仮に水が脇までくる増水の時に一人乗り平蓮台に乗れば一万千二百八十円で、それに台札料がプラスされるのでかなりの負担である。なにしろ、安い旅籠だと食事付きで一泊百文、米持参の木賃宿だと四十文前後からあるのだ。

だから、札賃をケチって定められた以外の場所で勝手に渡ると、「間道越し」、「廻り越し」として厳罰に処せられたが、お遍路のような事情のある者は願い出て認められれば無料になった。金のない者のためには、単に人足二人が長い丸太の両端を持ち、それに七、八人がつかまって渡る棒渡しという方法もあった。ただし、うっかり手を滑らせれば流されるので命の保証はない。

念願の渡し舟が実現したのは天保五（一八三四）年で、十代・熙氏の代だった。これで旅がぐっと楽になり、宿場にとっては嬉しい出来事だった。船頭一人で大勢を運ぶ渡し舟の料金は安い。同時代の渡し舟の料金の史料はないが、正徳元（一七一一）年の六郷川、馬入《ばにゅう》川、富士川、天竜川では一人十文である。

しかし、人々が難渋しているのなら、橋でも渡し舟でもさっさと許可すれば良いと思われるが、なぜ幕府は長年にわたり渋りつづけたのか。それは、川には堀としての軍事的な意味があるからだ。例えば、大井川に渡し舟ができたのは明治四（一八七一）年で、橋が架かったのは明治十六年だから、幕府が喜連川の願いだけをことさら疎《おろそ》かにしたのではない。

文政十三（一八三〇）年に名君といわれる熙氏が十九歳で家督を相続した。そして天保十三（一八四二）年に荒川と内川から水を引く計画が立てられた。城中を経て南東に水路を作れば数千町歩の良田が得られる。ところが、重役たちは反対した。その計画は、かつて六代・茂氏も非常時に備えるために試みたが成功しなかったからだ。その時の測量では、川まで十町（約千百メートル）余りなのに落差は一丈（約三メートル）しかなく、城内まで水を引くのは無理だと判断された。

しかし、熙氏は諦めない。自身で実地検分をして確信を深めると、家臣に命じて工事を遂行させた。そして豊かに水をたたえた水路が完成すると、熙氏は城西に水溝を穿《うが》ち支流を市街に通したのである。御用堀、横町堀と呼ばれる二つの堀を通したのは水田のためばかりでなく、井戸だけに飲用水を頼っていた宿場や領民の便宜のためでもあったのだ。以降、市街で水の不便なところはなくなった。

弥五郎坂に松を移植する

嘉永五（一八五二）年二月、熙氏は弥五郎坂の改修を命じた。弥五郎坂は、奥州街道が喜連川丘陵を越えて平坦部に出るところにある急な坂で、かつて五月女《そうとめ》坂と呼ばれていた。天文十八（一五四九）年に那須氏と宇都宮氏が戦った古戦場である。

この戦いで、那須軍の鮎瀬弥五郎実光が放った矢で敵将・宇都宮尚綱を討ち取って勝利すると、弥五郎は五輪塔を建立して敵将・尚綱を供養した。この故事から、いつしか弥五郎坂と呼ばれるようになったという。なお、宇都宮側では、弥五郎は尚綱の家臣・松尾弥五郎のこととされ、主君の戦死を知って単身敵陣に切り込み、討ち死にしたのだという話が伝えられている。

難所とされる急な坂を削り、少しでも旅人の負担を少なくするための改修工事だったが、熙氏はさらに快適さを提供しようとしたのか、街道沿いに松を移植した。しかし、元々樹に覆われた坂道だから、他の街道に見られる松並木のような日陰の効果があったとは思えない。

全ては領民のために

藩校を作る

十代・熙氏が御所さまになったのは、文政十三（一八三〇）年十一月で、十九歳の時である。

生まれつき聡く賢かった熙氏は、武芸にも優れ、中でも馬術ではいくつかのエピソードを残している。その上、人を愛する優しい心を持ち、文学や芸術にも励み、なおかつ勤王の志を持つという、正に名君の条件を備えていた。

天保四（一八三三）年、父彭氏が病床に臥すと、熙氏は寝食を忘れて朝夕側を離れず看病し、その姿は人々を感動させたと伝えられている。

熙氏は領民の生活に心を配ったが、教育にも本格的に取り組んだ。国を作るのは人材だとよく言われるが、領地が狭く資金力もない上に、これといった産業も資源もない小藩では、なおさら人材が宝である。しかし、喜連川藩には人材を育成するための正式な藩校がまだなかったのである。これも財源がネックになっていて、約半世紀前の明和の飢饉で空になった藩の倉庫は、まだ満たされていなかったのだった。

それでも熙氏は藩校の創設に踏み切った。その構想は文武の両立で、儒者が務める教授職と演武場掛の専門職を新設した。だが、乏しい財源では一足飛びに形を整えることはできない。まず、天保六（一八三五）年に侍医の秋元与助を教授職に任命して家塾を開かせ、家中の子弟を集めて儒学を講義させた。塾は翰林館《かんりんかん》と命名された。熙氏が師事する水戸の九代藩主・斉昭が藩校・弘道館を開設したのは天保十二年だから、それに先駆けてのことである。

天保十年には、新たに演武場が開設され、十歳以上、四十歳以下の男子に武芸を習わせることになった。これで取りあえず文武両道の形が整った。そして、すぐに試験のルールが決められた。秋元与助に命じて翰林館を移転させ、そこに演武場を併設して藩の学館としての体裁が整うのが弘化二（一八四五）年だから、御所さまはせっかちだったのかもしれない。

ちなみに、毎年三月に行われる武術の試験は射的、騎的、打毬、鳥銃、馬術、鎗、偃月刀《えんげつとう》、剣術、撫剣、棒術である。騎的とはよく分からないが、流鏑馬に類するものだろうか。打毬とは、二組みの騎馬に分かれ、馬上から毬杖で毬をすくい取って自分の毬門に投げ込むのを競う古代の遊戯で大陸から伝わったもの。偃月刀とは中国古代の武器で、刀が弓張り月の形をし、長い柄がついていて薙刀《なぎなた》に似た、三国志の絵などでお馴染みのものである。撫剣についてもよく分からない。

いずれにしても、かなりバラエティーに富んだユニークな内容である。普通だったら、十手術、鎖鎌、組打ち、水練などが入るのだが……。さらに付け加えると、推奨する本として、朱子学を否定して本来の孔子の教えに戻るべし、と説き、古義学派とも呼ばれる堀川学派を興した伊藤仁斎《じんさい》や古代中国の古典へアプローチするための古文辞学とも言われる蘐園《けんえん》学派を興した荻生徂徠《おぎゅうそらい》、本草学者で儒学者の貝原益軒の書物を挙げている。

ただ、同じく藩士に文武両道の修練をさせる目的の水戸・弘道館は、馬術や剣術などの武芸一般は当然だが、広く自然科学や医学、蘭学などの新しい分野も多岐にわたって取り入れた、いわば総合大学で、各藩も藩校で西洋の実学を教えているのである。すでに、享保四（一七一九）年には吉宗が洋書の講義を受け、同五年には吉宗がキリスト教関係以外の洋書輸入を解禁して、世の中は西洋に目覚め始めているのだから、熙氏の路線は時代錯誤とも言えるかなり復古的なものである。この熙氏のキャラクターは、後で触れるように黒船が来航した後の軍事訓練にも顕著に見られる。

生徒は喜連川家中の者が大多数で上士層の子弟が主流だが、中にはかなり遠方からの村方の者もいたし、他国出身者や僧籍の者も数人いたのを見ると、やはり御所さまの心は広いのである。

御所さまの巡回

熙氏は領内を視察して実情を把握するとともに、領民とのコミュニケーションを図るため、巡回して優しい言葉をかけて労り、金や物を与えた。

一口に巡回といっても二、三人のお供を連れてぶらぶらと歩き、親しく領民と接するという気楽なものではない。いくら貧乏な小藩だとはいえ、御所さまである。周到に準備して厳《おごそ》かに回るのである。

天保五（一八三四）年の記録によると、二月十二日に名主などを呼び出して、困窮者や長寿者の名簿を作り、家の由来書のある者は差し出すように命じる。そして、道順の村々に通達を出し、巡回を受け入れる準備をさせるのだ。

当日は、名主や組頭が村境まで迎えに出て道案内をするのである。だが、その一方で、領民には農作業などの仕事の手は休めないようにと、心配りの通達を出している。

出発は十七日だが、鉄砲の若党や挟箱《はさみ》、沓《くつ》箱などの道具持ち、近習、小納戸、御用人、医師、代官、家老など、騎馬の者も入れて四十人の立派な大名行列である。

御所さまは、この行列を従えてスケジュールに添って村々を回り、差し出されている名簿の通りに施しを行っていくのである。

大名行列を彩る鑓《やり》や薙刀・挟箱などの道具類は、自分の趣味や好みで勝手に飾り立てるのではなく、家格によって定められていた。喜連川家の行列の装備は、池之端に江戸屋敷ができた元禄のころに決まったらしいが、いずれも国持ち大名にしか許されないような格式の高いものである。

挟箱は金紋先挟箱、跡箱蓑箱金紋覆縄紫、鑓は二本で総柄青貝、打ち物（長刀）は柄青貝、立傘は爪折立傘、乗物は打揚腰黒網代《あじろ》、鞍覆《くらおおい》は虎皮鞍覆、銀茶弁当、跡乗りは二騎、供鑓は三本、供馬は二頭であり、具足櫃《ぐそくびつ》には喜連川左馬頭鎧と書いている。

鑓二本のいわゆる対鑓は二本の鑓を並んで持たせるもので、先箱は挟箱一対を藩主の駕籠の前に出すものだが、それに長刀を持たせるのは国持ち大名である。金紋先挟箱は会津松平家が、虎皮鞍覆は藤堂家、丹羽家が特に願って許されたものだから、さすがに御所さまの貫禄である。

御所さま自慢のこの豪華な道具立ての行列は領民を驚かせ、感激させた。こんな立派な御所さまが「おらが村にも来てくださる」のだ。しかも、いつも通りに仕事の手を休めず、お辞儀もしなくてよいというお達しまできている。「なんとお優しい御所さまだろう」と、自然に頭が下がるのだった。

名君・熙氏の施し

熙氏は天保二（一八三一）年二月に領内を巡回すると、八十歳以上の者に金若干を与え、天保四年には、領内の貧しい者九十三人に一年分の衣服を与えている。

天保五年の熙氏の領内巡回では、八十歳以上の者や孝子、田野の開墾に功績のあった者に金若干を与えた。これは、いわば旌表《せいひょう》、つまり人の善行を誉めて広く世間に示すことで、古代から為政者が政策の一環として、しばしば行っていることである。そして、熙氏は貧しい者には稗籾《ひえもみ》を与えた。

このように慈しみ深い熙氏が領内を一回りして館に帰る頃には、館の周りは御所さまを拝もうとする人々で溢れていたという。

天保七年、領内は飢饉で苦しんだ。熙氏はお互いに助け合うことと、節約を説くとともに、備蓄したものを領民に配り、金蔵の金を分け与えた。また、富める者に米を出させ、領民を救おうと心を砕いた。「一人でも餓死者を出せば、私の罪になる」というのが熙氏の信念だった。その甲斐もあって、幸い、領民に餓死者は出ず、他領の住民から羨ましがられた。しかし、その陰で熙氏は、八代・恵氏がせっせと倹約して貯えた数千両の軍用金についに手を付けたのである。城の蔵は全て空っぽになってしまった。

それでも、領民思いで優しい御所さまは領民を賞し、困っている人に施し続けたのだった。

　天保十三年三月に、田野の開墾に功績のあった者二人に金若干を与え、寡婦一人、盲人二人に稷稲《きびいね》一苞を与えた。それでも気が済まないのか、なおも役人に領内を巡視させ、四月に災害に遭った者に稷稲三苞を与え、九月にも田野の開墾に功績のあった百姓に粟《あわ》を与えて賞し、十二月にも貧しい人々百二十人に粟三百苞を与え、勤勉な家臣二名に金一枚を与えている。そして、田畑を起こすために公林を売りたいと願い出た者を許可した。

　その後も、弘化二（一八四五）年二月には家臣に衣服や大判金を与え、平三郎村に千銭、葛城村と百姓五名に農具を与えて勤勉振りを賞した。が、怠《なま》け者の農民十二名を罰して厳しさも見せている。また、未亡人十三人に弔慰金を贈り、四月には八十歳以上の老人二人に銀若干を与えた。

　十一月には田野の開墾に貢献した者十七人に金銭と穀物を与え、今度も怠け者の農民十八人を罰した。そして、早乙女村の孝子に粟を与え、九十歳以上の老人に銭二千を与えた。さらに、十二月には貧困者に一年分の衣服を与えている。そして、嘉永四（一八五二）年には七十歳以上の老人二十五人に金若干ずつを与えるなど、この後も止まるところを知らない。

にもかかわらず、天保九年に大々的に行われ、貧乏旗本、御家人も応分の寄付をした江戸城西の丸の改修資金の募金は「前規に従って」断りの手紙を出しているのは前述のとおりである。振りたくても現実に振る袖がなかったのだ。

全ては領民のために

「人々が困窮することは全て我が罪である」と常々思っている熙氏は、領民が貧しさに苦しむことがないように心を砕き、困った時の相互扶助のシステムとして、天保十（一八三九）年に「義倉」を設置した。義倉とは、凶年に備えて、穀物を貧富の差に応じて徴収し、貯えて置く倉庫で、奈良・平安時代から行われていた制度である。

御所さまは自ら筆をとり、国の基は民だから、国が安泰になるには人々が豊かになることが肝要だと説き、「今改めて行う義倉は、これまでの困窮を救い、我が子である百姓が安心して暮らせるようにするためだから、官民上下一致して不測の事態に備え、永代子孫繁栄の基を作ろう」と、告示した。

具体的な義倉の内容は、領主が籾五十俵、領民が籾二百五十俵を出すもので、領民の貧富調査を毎年行い、上、中、下、下下、さらにその下の極難渋者のランクを作って籾の分担量を決めるのだが、さすがに極難渋者は免除された。

十二月から実施された義倉には、弘化四（一八四七）年までに籾千四百三俵が貯えられた。これは、困っている領民を救うために使われたが、多くは種籾として貸し付けられた。その他、天保十五年には家中借上げの五分の一を家臣へ一旦返却し、それを義倉に納めさせた。

さらに、五年を限度として低利で家中に貸し付けることも行われ、義倉は領内の融資機関としても機能した。しかし、見方を変えれば一種の増税で、必ずしもスムーズには行われなかったらしい。

嘉永四（一八五二）年、熙氏は城内にある樺山（お丸山）に登った。かつて塩谷氏の大蔵ヶ崎城があった所である。領内が一望できる場所で、桜や楓が植わり、春秋の眺めが良い場所である。御所さまは、ここから領内を見渡して農作業の様子を見、民の苦労を知ろうと決めると、ここに東屋《あずまや》を建て、秩々亭と名付けた。仁徳天皇が高台に立って「民の竈《かまど》に煙が立っていない」と言って、税を三年間免除したという話に似ていなくもない。

御所さまは、罪を犯した者にも慈しみの心で対応した。年老いて過って罪を犯し、死罪を申し付けられた者がいた。が、そこには年若い孝行な養子がいて、養父のことを案じていると聞いた御所さまは、その孝心に心を打たれ、死罪を許して求道者として余生を送るようにと遠い村里に送ったのである。ちなみに、本来は五千石の身分では裁判権はないのだから、喜連川藩では司法の面でも別格とされていたことがわかる。

領民に敬われ親しまれる御所さまは、領民から人生相談も持ちかけられ、離縁の調停などもしていたらしい記録が残っている。

風紀の改革に乗り出したが……

物理的に豊かで公平になるには、「精神的に成長せねばならぬ」とも考える熙氏御所さまは、訓告を度々出した。天保十一（一八四〇）年四月に出したのは、
○百姓たちは毎月休みの日を決め、それ以外の日は仕事の邪魔になるので夜

分でも集まることを禁止する。
○五人組や村役人は、真面目に農業に励むように注意を怠らないこと。
○祭礼とは、神を敬い、農業の豊作を祈ることだから、贈り物をしたり、寄り合って酒を呑み、騒ぐことは神を侮り、豊作を逃す恐ろしいことなので禁じる。
○葬儀に親戚とか縁者が大勢で会葬の宴を設けるのは止めること。
○芸人や浮浪者は一泊はよいが、逗留《とうりゅう》したり多人数を集めることを禁じる。
○出家や六部等は一宿たりとも許さず、速やかに送り出すこと。万一、病気の者がいたら役人に知らせ、介抱して病が癒《い》えたら行きたい方へ送り出すこと（この場合の六部とは乞食坊主の意味だろう）。
○農作業の最中、役人などに会釈する必要はないが、途中で他藩の侍などに出逢ったら、農具を持っていたとしても不敬な振る舞いをしてはならない。これは常に心に留めておくこと。
○諸役人が巡回したり視察する時、一汁一菜を守ること。もし、泊まる時には、村人三人が世話をすること。

○村役人が町中に理由もなく留まったり、飲食店で休む時は、節度をわきまえるべし。

天保十三年に出したのは、

○近年、華奢《かしゃ》さがひどくなり、分限に不似合いな暮らし振りが目に余る。本業を怠り、無駄遣いするのは見苦しく意志が弱いためで、それが不幸を招く元となるので、先祖の教えに学んで分相応に身を慎しむべし。
○御年寄りの衣服は夏羽織は絹、名主は麻木綿を着用すべし。
○名主や組頭は麻木綿、羽織は太物（綿・麻織物）でも良い。ただし、庶民でも六十歳以上、女性は紬を着ても良い。

生活の細部にわたっての心得だが、これは、幕府が着物の素材から衣替えの時期に至るまで細かく決め、それに従って藩の実情に即した事柄を付け加えてアレンジしているのであり、各藩でも行っていることである。

反動的な政策で藩政が混乱

喜連川の住民全てが豊かになるための藩政改革を成し遂《と》げるには、農業と共に家中を再編成して強力な権力体制を作ることも必要だった。そのためには、上下関係を明確にし、序列の意識を確立することが大切だ。熙氏は天保十三年四月一日に、下級藩士の仲居以下徒士、茶道、小頭、被官、同心、道具、草履取、厩などに、衣食住の全般にわたって厳しい掟を作った。仲居は上級藩士と下級藩士の境目にランクされる身分で、以下順を追って身分が低くなるのだ。

その掟とは、「仲居以下の面々は、近習以上の諸士に対しては無礼がないように心掛け、さらに、下々の者から侮られ、軽んじられないようにすべし」で、特に家老職に対しては「聊無礼無之様（少しの無礼もないように）」と、命じた。

また、家臣と町人の混在を厳禁し、「寄り合いの時、政治向きのことを評論すると、自然に上の者を侮り、重役を軽んじる不届きものも出てくるので、慎しむように」と、禁じた。

この身分制度を確立するために、古河、上総から従ってきた家臣たちの家の由来書を提出させた。家としての格や身分は、先祖の功績によって決まるのだ。先祖の功績は今さら努力して変えられるものではない。御所さまを頂点とし、二階堂家、逸見家を両翼として秩序あるピラミッドを構成するのが、熙氏の考える秩序ある権力構造だった。

当然、上の役職は家格の上の者の独占になる。だが、家格や身分は、先祖の功績によって決まるのだ。つまり、これは正に門閥の見本で、家格を無視して人材を登用することが当たり前になっているこの時代では、反動政策の極みだった。

それに対する反発は、弘化四（一八四七）年に重役を誹謗する落とし文（道に落としておく匿名の文書）として現れ、これを知った熙氏は、ひどく気に病んでいた。程なく落とし文の主が判明し、追放したが、身分を下級に固定された者はやる気をなくす。その上、上の者を敬えと言われても、給料はそんなに違わないし、安い給料を補うために百姓仕事をしているのは同じなのだ。

家臣を労る御所さま

熙氏御所さまは、家臣の上下関係に厳しいが、家臣を優しく労《いたわ》った。隠居した重役が長い間病床にあると聞いて見舞いの品を贈り、先代・彭氏の側用人を務めた後、故あって諸士の下にされていた者を、「本人に過失があったとしても、先代に仕えて功績があった」からと言って給人（知行地を与えられた武士）に引き上げた。また、病気の者に薬や見舞いの品を贈り、侍医を派遣して励ましの言葉をかけるなどした。ある時は、病床の重役が「鮒が好き」だと聞けば、御所さまが探して与え、「鯉を食べたい」と聞くと、自ら池に入って二尺もある鯉を捕まえて与えたのだった。

重役や側近だけでなく、家臣全般に気を配っている。「昔は御納戸払いということがあって、御所さまの古着を年に一度下されたが、もう何年もそのようなことがない」と言うのを聞いた熙氏は、永年、財政が苦しくて止めているが、「家臣の寒きは我が寒きなり」と言って、それからは毎年、夏冬の着物を下賜されるようになった。だから、側に仕える者で、「向い鳩の御紋付を服して出ぬ人はなかりけり」と『光廟遺事』にあるが、「向い鳩の御紋」とは喜連川の別の紋だろうか。

しばらく途絶《とだ》えていたものを、復活させたものに節句の行事がある。端午の節句に粽《ちまき》、十月亥《い》の日に玄猪《げんちょ》の餅を手ずから下されるしきたりが中断されていたが、御所さまは再び手ずから下されるようになった。

玄猪とは陰暦十月の亥の日のことで、同時に、その日に食べる餅のことも指し、下士には重役から下されるのである。また、中元に蓮の飯を下されるしきたりも数十年行われなかったが、そのことを耳にした御所さまは昔のように戻したのだった。

このように優しさのある熙氏御所さまだから、復古調丸出しで身分を明確にして強力な権力体制を作ったのは、下の者を虐《いじ》めるためではなく、それが藩の繁栄に繋がるという信念からなのは言うまでもない。

頼みは養子の持参金

御所さまの軍備と源氏の白旗

時代は、幕末に向かって流れていた。ロシアやイギリス、アメリカなどの外国船が交易を求めて頻繁に日本に接触するようになり、天保十五（一八四四）年にはオランダ国王が将軍に開国を勧告する書簡を送っていた。弘化三（一八四六）年には朝廷が幕府に海防を厳重にするように勅諭し、幕府は沿岸の防備を始め、各藩にも海防意識が芽生《めば》え始めていた。

喜連川でも嘉永元（一八四八）年十二月に、熙氏は重臣を集めて、「夷人来航に備えて軍備を強化すべし」と言った。重臣たちは、「太平の世が永く続き、武具や兵などの軍備はほとんど整わないのに、僅《わず》かの軍備でその役目を買って出るのはいかがなものでしょうか。かつ、ご先祖より諸役を免除されているので、今後もそのように願うのが良いのでは」と進言した。

熙氏は、異国人が日本を狙って接近している今、各藩は「力を尽し軍馬調練急なるの秋《とき》に当り独り安然として」その備えをしなくてよいのだろうか。「天子の鴻恩《こうおん》（大恩）幕府の厚恵」を思えば、万一の時に我が喜連川の武威を輝かせて、できる限りの「御用を申受け数世の天恩に報い奉らんと欲す」と言い、幕府の家臣でないことを良いことにして、「汝らが同意しないとあらば、我一騎であろうとも出陣せん」と強い決意を示した。

熙氏の頭には、足利の古河時代の旧臣は未だに少なくない、これらに声をかければ必要な人数は揃うだろう、という思いがあった。事実、これを知った足利の旧臣たちは、その「思慮深い英断」に心を打たれ、その徳を慕って熙氏の許に挨拶に訪れる者が年々増え、数百人に及んだのである。

軍備は本格的になり、甲冑を揃えたほか、今度は水戸に派遣して大砲を造らせた（大砲はすでに天保十四年にも家臣を常陸岩城《いわき》に派遣して造っていた）。さらに、占いによって城の西に調練場を造ると、新式武器の練習を始めた。そうして、財政はますます苦しくなっていった。

嘉永六（一八五三）年六月にペリーが浦賀に来航すると、幕府は八月に品川台場の建造に着手した。翌嘉永七年一月にペリーが再来すると、三月には日米和親条約が調印され、安政三年三月には、幕府は駒場で洋式の調練を始めた。

情報は、逐一江戸屋敷から喜連川に伝えられる。熙氏は、浦賀で異変が起これば自ら軍を率いて出陣することに決め、そのための軍の掟を定めると、幕府に練兵の承諾を求めた。喜連川では太鼓の音を轟《とどろ》かせて、大演習が行われた。熙氏は、源氏の家に伝わる白旗を模した旗を作らせると、「我こそは由緒正しき源氏の末裔なり」と、家臣たちの意識を鼓舞《こぶ》し、自ら竜頭《りゅうず》の鎧を着けて諸軍を指揮した。源氏の白旗は、源氏を自らのルーツとして誇りにした家康でさえ作らなかったものである。

人々は、この軍事訓練と、勇ましい姿を伝え聞くと、陸続と集まり、その数の多さは前代未聞のもので、古老たちを驚かせるのに十分だった。

熙氏の兵法は上杉謙信を祖とする越後流だが、下野・黒羽《くろばね》藩一万八千石の「御隠居は越後流の達人」と聞いた熙氏が弟子入りしたのだった。が、『喜連川公方実記』には、工夫に工夫を重ねて「此大業に及ぶ実に天授の英才に非ざれば為すべからずと四方軍学の十大に之を賞揚す」とある。つまり、熙氏には天賦《てんぷ》の才があり、軍学者の十指に数えられると、師匠を超えてべた褒めだが、時代感覚のずれは否めない。

どうしても足利の血が必要な理由

勇ましい軍事訓練が始まる前の弘化二（一八四五）年、十代・熙氏は養子を取ることにした。正室との間に英姫しか生まれず、早く世嗣を決めたかったのである。養子の条件は足利の血を引く大名家だった。実は、七代・氏連には実子がおらず、熙氏の祖父である八代・恵氏は伊予大洲藩主加藤家からの養子だった。そこで喜連川の足利の血は途絶《とだ》えていたのである。しかし、五千石の小藩でありながら、十万石格の待遇を受け、しかも御所号まで与えられているのは、足利の血統が物を言ったからである。血が途絶えたままなのは喜連川にとっては、藩存立の根幹に関わる重大問題である。

養子の話は熊本細川家に相談した。熊本細川家は、清和源氏足利氏の支流で、鎌倉時代に足利義季が三河国細川郷で細川姓を名乗ったことから始まるので、紛《まぎ》れもない足利の血筋である。

丁度、熙氏の正室が豊後国佐伯《さいき》藩主・毛利高翰《たかなか》の娘で、その姉が熊本藩の支藩である肥後宇土藩主・細川行芬《ゆきか》に嫁いでいた。行芬は熊本藩主・細川斉護《なりもり》の実弟である。

「当家には当年七歳になる娘がいるので、御次男さまでもいただけないだろうか。御支度などは気持ち程度で結構です」という願いの書状が細川本家に出された。しかし、この願いは実現しなかった。

しかし、熙氏は諦めず、再び細川家に出された喜連川藩家老逸見丹波の書面には、足利の血が途絶えた喜連川家の窮状が綿々と綴《つづ》られ、「是非とも源家の血筋を引く家柄からの養子を望んでいるのです。そちらさまは足利の御血統の家柄であり、まだ御幼少の男子がお有りなのは承知致しておりますので、特にお願いしたいのです。このような趣旨をご勘考の上、御重役の方々がご承知くださいますように」と、何が何でも足利の血筋が欲しい旨を訴えたものだった。

窮状を訴えられた細川家では、重役たちの慎重な協議が重ねられ、「源氏数代の血統が途絶えるというのが当家からの養子を望む理由であるのなら、最早お断りすることはできますまい」という意見で一致した。しかし、「何分、喜連川藩は小藩ゆえ、いろいろ難しい問題もあることだろう。このことを充分留意して対応し、先方と相談することが肝要」だというのも大方の意見だった。

細川家に申し込む以前に、喜連川でも、「五千石の当藩と五十四万石の大藩である細川家ではまさに提灯《ちょうちん》に釣鐘《つりがね》だからとても無理だろう」という意見が主流だったが、「先祖への忠誠心」と「御所号」を持つプライドが勇気づけたのだった。熊本細川藩主・斉護は従四位上、越中守・左近衛中将・侍従と立派だが、「御所号」はその上にある。それに、肥後宇土藩細川家とは縁戚関係だ。「逡巡《しゅんじゅん》しているよりも、実行だ」ということになったのだった。

婿殿の御所さま修業と一万両

話が進み、養子の相手は斉護の妾腹の子で、五男の長岡良之助と決まった。長岡姓は細川の別姓である。幕府への手続きも前例に従って慎重に進められた。老中阿部伊勢守正弘に内見してもらった書類の中に、細川家から養子を迎える理由として、親類から婿を探したが、「相応之者無御座候」と、親類に英姫と釣り合う年齢の男子がいなかったと説明している。

喜連川家では、これまでも世嗣のいない場合に親類から養子を取っている。四代・昭氏が弟の氏信を養子にしたのは別にして、氏信が病死した後に宮原家から五代・氏春を養子に迎えた。だが、七代・氏連は、前述したように他家の伊予加藤家から八代・恵氏を迎えたのだった。

婿養子願い、届けなど、慎重に準備された両家数通の書類が、数人の手を経て煩雑な手順で処理され、それぞれの部署に丁重な挨拶を済ませた後、ようやく幕府に受理されたのは嘉永三（一八五〇）年だった。この手続きでは御所さまの威光は発揮できなかったのだ。最初に細川家に申し入れて、もう五年経っていた。

両家では、御三家、御三卿、関係する大名や旗本、一族に婿養子が無事認められたことを連絡した。

喜連川に移った良之助は、喜連川家の嫡子の幼名金王丸を名乗り、英姫と夫婦になった。良之助は十歳、英姫は十三歳の姉さん女房である。

金王丸となった良之助は、熙氏に付き添われて将軍家慶《いえよし》に初御目見えをすませると、左兵衛督紀氏《のりうじ》と名乗り、十一代御所さまになるべく修業に励んだ。文武を奨励する熙氏に紀氏はよく従い、意欲的に修業に励んだ。

そんな紀氏を励まし、バックアップするように、実家の細川家から資金援助の話があった。財政難に苦しむ中で、新田開発や新しい産業を起こす資金がいくらあっても足りない喜連川にとっては願ってもない話である。喜連川では一万両の提供を頼んだ。

熙氏は条件として、二十年間無利息だが、借りた一万両は細川家に預け、年利一割二分で細川家で運用してもらい、利息の千二百両の内の六百両を貰い、半分の六百両を返済に当てるというものだった。無手勝流といおうか、マジックといおうか、何とも素晴らしいアイディアである。

細川家はこれを呑んだ。だが、細川家が五十四万石だと言っても、一万両は大金だった。何しろ、この頃の熊本藩は代々の借金が溜まり溜まって八十万両という膨大な額になっていて、財政は破綻寸前だったのである。しかし、斉護は小藩の婿養子となった我が子のためには何とか捻り出せる額だと思ったのだろう。

しかし、藩政改革は行き詰まり、さらに嘉永六年にアメリカのペリーが浦賀に来航したのに続いて、ロシアのプチャーチンが長崎に来航するなど諸外国の接近が始まると、斉護は幕府から天草地方や相模湾警備を命じられ、出費を強いられる出来事が次々に起こったのである。こうして約束の実行は延び延びになっていた。

小藩ゆえに……婿殿の不満

さらに困ったことには、紀氏となった良之助の心が喜連川から離れていったのだった。良之助が喜連川に来て八年たった安政五（一八五八）年に細川家の家臣に送った手紙によると、「御所さま（煕氏）はいたって温和な方だが、家中の面々は文武共に物足りなく、私の稽古や勉強の刺激にも励みにもならない」また、「年長の英姫は私のことを子供扱いし、女中どもと共に愚弄《ぐろう》することもあり、我慢の限界を超えて今回の行動に及んだ。熊本に帰りたいが、父上のことを考えるとそれもできず、一人悩んでいる」とある。この時、喜連川では、良之助は行方不明になっていたのだ。これでは子供が駄々を捏《こ》ねているようだが、「この激動の時に、国家のために働きたいが、こんな小さな藩でくすぶっているのは耐えられない」とも言っている。

良之助はすぐに連れ戻されたが、後に、熊本に帰った良之助は長岡護美《もりよし》となって自分の道を歩み始めた。

日本人で最初にアメリカに帰化しアメリカ領事館員としてハリスと共に日本に帰ったジョセフ・ヒコと交わって、外国事情を貪欲《どんよく》に摂取し、新しい時代の展開に対応しようと準備するのである。さらに、明治になると米英に六年間留学した後、オランダ公使や貴族院議員を務めるなど政治の世界で活躍することになるのだから、手紙に書いたことも、外に出て羽ばたきたいと言ったのも、両方とも本心だろう。

それはともかく、熊本藩の財政難は改善されず、後年、長岡護美がグラバー商会から購入した千五百トンの軍艦上昇丸が明治三（一八七〇）年に引き渡されたが、三十六万ドルまで値切った契約代金は、結局、穀物でしか清算されなかった。

一度離れた心を元に戻すことは難しく、安政五年四月十八日、幕府に左兵衛督紀氏の離縁願いが喜連川家から出された。離縁の理由は、養子の喜連川左兵衛督が「兼々癇症強御座候付」、養生のために実家の細川家に帰っていたが、思わしくないので双方熟談した結果だとしている。

これで、良之助と共に一万両も消えた。熙氏は、藩の増収を図る事業計画の変更を強いられることになった。

離縁状は出したものの、喜連川家にとって跡継ぎという根本的な問題は残ったままである。養子の後釜がいなくては困るのだ。熙氏は再び細川家に頼み込んだ。もしかしたら、一万両の話が復活するかもしれない、という微《かす》かな期待があったのかもしれない。熙氏は、細川家の苦しい財政事情を知らなかったのだ。

細川斉護は快く応じてくれた。熙氏は感謝に溢れた手紙を斉護に出したが、その中で、「私はこの頃、気力が衰え、毎夜のように左兵衛督（良之助）のことを夢見て片時も忘れられず、心ここに有らずで何事も手に付きません。どうか憐れんでやってください」と気弱になり、斉護が悩んでいた腫物が快方に向かっていることへの喜びなども述べている。

養子の二代目

次の養子は宇土細川家から貰うことになった。宇土細川家は細川斉護の実家で、肥後宇土藩八代藩主・細川立政が肥後熊本藩十代藩主になって斉護と改名したのである。

喜連川の「再婿養子願書」が幕府に出されたのは安政五（一八五八）年十一月だが、それによると、願書の出し主は喜連川左馬頭（熙氏）で、婿殿の名は細川左近で二十五歳とある。

安政五年十二月二十四日に正式に婿養子となった左近は宜氏《よしうじ》となった。英姫も二十歳になっていたが、婿殿が年上で、二人とも大人だから、もう婿いびりをすることもないだろう。宜氏が将軍・家茂に初御目見えするのは万延元（一八六〇）年十二月一日のことである。

宜氏は温和で口数が少なく、読書が好きで和歌の本を脇に置き、絵をたしなんだ。が、病弱で、念願の血筋が繋がるかが気掛かりだった。

だが、宜氏は家臣と意識的に交流を図ろうとし、江戸では紅葉の頃に厩にお忍びで出向いて、小者に酒を振る舞うなどの努力をしていた。

新しい養子が来ても、熙氏の良之助への思いは変わらなかった。折にふれて「息災であろうか……」と気遣い、仙台の伊達侯から贈られた鮭の塩引きに他の物を添えて良之助に贈り、良之助からも肥後の特産物などを贈るなど、交流は続いた。良之助にしても、時を経るに従って、自分の都合で養家を飛び出したことへの申し訳ない気持ちが育っていたのである。

さらに、良之助は離縁になっても、今に伝わる置土産を残した。旧喜連川町の町の花となったサツキの護美錦《ごびにしき》で、サツキ愛好者の間では有名な名花だという。

これは良之助が喜連川に来る時、細川家から煕氏への土産として迎えに行った正使に託されたもので、元は中国から細川家に渡来した珍品で、喜連川に運ばれて城内で栽培されていた幻の名花だった。それが城外に出て一般に観賞されるようになるのは、明治九年以降で、火事、それも放火がきっかけだった。

護美錦と名付けられたのはその後だが、本来なら、自分から逃げ帰った「憎っくき」婿殿のはずの名前が付けられたことでも煕氏の良之助への思いが分かる。

御所さまの改革の終焉

最重要課題だった養子のことは解決した。だが、まだ難問が残っていた。家格を明確にして上下関係の規律を厳しくすることで、家中をまとめて改革を遂行しようとする煕氏のプランが裏目に出たのだ。

槍一筋で武功を挙げ、伸し上がって行く戦国時代ならともかく、徳川の世になると、三河時代や関ヶ原の功績によって家格が決まり、代々受け継がれていた。それが、吉宗の頃から、部分的ではあったが実力で評価されるようになっていた。しかし、煕氏のとった先祖の功績で家格を定めて固定する改革は、そのシステムの中に、生涯どころか子々孫々まで全てが閉じ込められてしまうのだ。

だとすれば、優遇される上層部はよいとしても、下級に組み入れられた連中はたまったものではない。先祖の功績は今さらどうすることもできないが未来は変えられる。それが希望になり、意欲を生むのだが、それに蓋をされ、奪われてはたまったものではない。初めは個人の心の中で渦《うず》巻いていたこの不満が次第に膨らみ、同僚同士で共有されるようになると大きなエネルギーになり、顕在化していった。

それに、普通だったら上下の格差に見合った給料の差があり、目に見えたものとして説得力がある。だが、貧乏な藩では上下であまり給料の差はない。一番上の家老でも年俸二百石で、中老では二十五石、上士の一番下の近習だと十五石であることはすでに述べた。これに対して、下士の一番上の仲居で八石、下から二番目の道具で六石である。大雑把に言って一石が一両で一両が十万円として計算すると、家老は別としても、近習で年俸百五十万円、仲居で八十万円である。

格差がないのは家臣の間だけではない。御所さまは藩士が農民と混在することを禁止したが、藩士は生活のために農作業をして自給自足をしていたのである。言ってみれば、御所さま以外はみんな百姓で、混在すれば見分けがつかなかっただろう。

これでは、上下と言っても建前だけで実態はないというしかない。その中で身分だの秩序だのと強制されても、生まれるのは上に対する反感と対立だけで、近習以上の上士と仲居以下の下士の対立は繰り返された。

嘉永五（一八五二）年には「主法掛り」を務めた星伴右衛門は検地にも功績があり、御近習順席に取り立てられたが、「徒士の家で僅かに功績があったからといって出世を仰せつかるとは、昔から前例のないことで、代々近習として仕えている者にとっては承服できないことである」、それに、「先年、家の由来書を出して家格を決めた意味もないではないか」と言って、近習以上は揃って反対した。「御所さまの嘘つき」と思えたのだろう。一度手に入れた既得権は、軽々に失いたくないのである。

安政六（一八五九）年には「茶碗事件」が起きた。きっかけは、些細なことだった。近習見習が茶道に「この茶碗を洗え」と命じたことで上士と下士のそれぞれが結束しての対立となり、仲居と徒士、茶道は退転を決意する騒ぎに発展した。藩校・翰林館の秋元与助は上士で、師としての立場から門下生の下士たちを説得したが、効果はなく、身を引く決意をして授業の中止を告げた。

こうして、御所さまの意識改革は終焉を迎えようとしていた。

領民の助け

財源がないのに、志だけで大規模な事業に取り組んだ熙氏の改革の結果は無惨なものだった。

安政六（一八五九）年十一月十九日、重役が郷村の名主や組頭を全て召し出して、「御所さまには思いの他の出費が重なり、借金もかなり増えていて、山林の伐採を考える程困っている。ついては、町方で『主法積金頼母子加建』はどうだろう」と、相談があった。「借金が増えて金がないので、頼母子講を運営して金を作ってくれ」と、いうのである。

名主たちは「御主法積金」を了承した。その代わり、「義倉に積み立てている籾を献納するので、木の伐採は中止してはどうか」と名主たちからの願書の提案が十二月一日に差し出され、伐採は中止された。

「御上さま御勝手向御取直しに付」き、「分限割合」をもって積立金をする、具体案は次のようなものだった。全部で三百口を募り、一口一両ずつとする。十二月から五ヵ年の間、一ヵ年に金三百両とし、合計千五百両積み立てて差し上げるのである。

郷中と町中の分担は、それぞれ百五十口と折半に決めた。また、この時、家中借上げも行われた。正に御所さまの「非常の大改革」だったのだ。

これでは領民のために心を砕く御所さまが領民に助けられたことになる。が、これを情けない御所さまだと笑ってはいけない。多くの藩では、財政が窮乏すると御用金を大地主や豪商に課して補塡していた。建て前は借上げ金だが、実態は踏み倒すので強制献金である。

余談だが、武蔵国の豪農に生まれた渋沢栄一が度重なる御用金の理不尽さを糾《ただ》すため志士となったのに、皮肉にも、行き掛りで倒す相手側の徳川慶喜の家臣になった話は、よく知られている。

それに引き換え、領民と合意の上、しかも積極的に領民が御所さまを助けたのは異例のことで、御所さまの領民に対する接し方を物語るものである。また、このことは喜連川で大きな騒動や一揆の記録がないことからも窺《うかが》われる。

文久元（一八六一）年九月、熙氏は領内を巡視したが、田畑や忙しく働く農民の姿を見るにつけ、細川からの一万両融資が実現しなかったことが悔やまれた。

「あれさえあれば、本格的な事業を起こせて、領民のためになったのに」との思いが去来するのだ。

熙氏は巡視を終えて館に帰った後、病床に臥した。治療の甲斐もなく、十月二十日、二階堂伊豆守を召して手を取り、「後の事は、そちに頼む」とだけ言うと、下がって休めと告げた。

夕刻、一篇の詩を詠《よ》み、秋元与助に与えた。この時は、少し元気を取り戻したように見えた。だが、二十二日になって、渋川大隈に着物を直させると、「是にてよしとの御言葉を名残にて瞑《ねむる》が如く天上に帰り給う御年五十歳と承る」と、

『光廟遺事』にあるが、他の史料での没月日は、文久元年十一月十日となっている。

養父・煕氏が没すると、同年十二月に宜氏が家督を相続したが、煕氏が生きているうちはまだ押さえがきいていた家中の対立は激しくなった。しかし、病弱な宜氏はこれといった仕事も、最大の任務である子作りをする間もなく、文久二年五月三日、二十九歳で死去した。煕氏の娘で宜氏の正室英姫は、再び寡婦となったのである。

嵐の中で

水戸家からの養子

最大の任務を果たさぬまま宣氏御所さまが死んだため、世嗣《つ》ぎのいない喜連川では急遽《きゅうきょ》、養子探しが始まった。同時に、宣氏の死は養子が決まるまで隠された。藩主の死が迫ってから養子を迎える末期養子は、江戸初期のように厳しく禁止されてはいなかったが、さすがに藩主が死んでしまってから養子をとることまでは認められないからだ。

すると、うまい具合に子沢山の水戸徳川斉昭の子供が候補に挙がった。喜連川家と水戸家は、喜連川頼氏の嫡男・河内守義親の室となった家康の側室お六の面倒を見ていた英勝院が、初代水戸藩主・頼房の養母だったことに始まり、十代・熙氏は斉昭を尊敬し、教えを乞うこともあり、事あるごとに使者が行き来していたのだった。

水戸では、九代藩主・斉昭が軍事力強化など革新的な藩政改革を行ったため、天保十五（一八四四）年に幕府から隠居を命じられ、長男の慶篤《よしあつ》が十三歳で十代藩主になり、斉昭は万延元（一八六〇）年八月に亡くなっていた。訃報を聞いた熙氏は、直ちに弔問の使いとして黒駒蔵人清風を水戸に遣わし、墓にまで詣でさせていたのだった。墓に詣でるのは、しばらく途絶えていた古礼に倣《なら》ったものらしい。

水戸家から十九歳の徳川昭縄が婿養子となって喜連川に来たのは、宜氏が死去した直後の同年五月で、十二代・縄氏《つなうじ》となった。幼名を余一麿というのは、斉昭の十一男だからである。二十二男、十五女という子沢山の斉昭は、女の子には普通に名前をつけているが、男の子は長男の慶篤は別にして、次男の次郎麿以下は三郎麿、四郎麿というように番号制になっているのだ。

七郎麿は一橋慶喜となって十五代将軍になったことは知られているが、九女八《や》代姫《よひめ》は孝子として喜連川宿の上客である仙台藩六十二万石伊達慶邦《よしくに》の正室となり、十一女茂姫は貞子として有栖川宮熾仁《たるひと》親王妃、余九麿は会津藩二十三万石松平容保《かたもり》の養子となって、喜徳《のぶのり》として藩主、後に陸奥国守山藩二万石藩主となる。というように、それぞれが将軍家から大大名、さらに宮家まで、いずれもそれなりの家との縁組だから、喜連川藩の親戚は一挙に増えた。しかし、肝心の足利の血は途絶えた。とはいえ、喜連川家に水戸から養子が来ることは、水戸光圀が予言していたことだった。それは、かつて水戸光圀が足利尊氏を朝敵と非難したことによる。

今の天皇家は北朝系だが、『大日本史』を編纂させた黄門さまは後醍醐天皇の南朝を正統とし、後醍醐天皇から三種の神器を奪い、光明天皇を即位させて北朝をもり立てた足利尊氏を逆賊と決めつけたのだ。

しかし、黄門さまは逆賊と決めつけた足利家を気遣い「これだけ尊氏を悪者にしておくと、将来、足利家に世嗣ぎが生まれない場合、どこからも養子が来ないことがあるかもしれない。その時は、我が水戸家から養子を出してやれ」と、遺言を残していたのだった。

家中の上下対立のまっただ中に放り込まれた縄氏だったが、生まれつき虚弱体質で、とてもリーダーとして政務を指揮する体力はなく、政治の実権は前代からの重役の手中にあった。

文久二（一八六二）年には、「故左衛門督（宜氏）様が御病気で療養中にもかかわらず、重役等は私利私欲で前からの制度を乱し、左馬頭（縄氏）様が喜連川に来られてもまだ当家の家風も分からないのをよいことに、私情で政治を動かして好き勝手をし、賄賂を取るなど強欲非道の振る舞いに、家中のみならず関係するものは皆薄氷を踏む思いで見ている」と、重役たちを非難する者が現れた。重役を誹謗した廉《かど》でそれら六名は追放になっている。翌年、彼らは帰参が許されたが、重役に対する非難はますます高まり、上から下までを巻き込んだ争いになっていた。

新しい時代の到来

喜連川でコップの中の小さい嵐が渦巻いているのを他所《よそ》に、日本は大きく変わり、将軍も家茂から慶喜に代わると、慶応三（一八六七）年十月、大政奉還が行われ、同四年一月三日には、鳥羽、伏見で幕府軍と新政府軍が衝突し、戊辰戦争が始まった。

奥州ではまだ新政府に馴染んでいる藩は少なかったが、喜連川では大総督へ米百俵と大豆百俵を献上し、通過する新政府軍を饗応した。

縄氏の実家の水戸家では、光圀の時代から勤王である。光圀は事ある毎に、「我が主君は天子也。今将軍は我が宗室也（宗室とは親類頭也）。あしく了見仕、取違え申すまじき由」、と言い、「万一、幕府が朝廷に背くことあらば、水戸家は朝廷の側に立つであろう」とも言っていた。また、尾張徳川家の四代・吉通も「三家之者は、全く公方の家来にてはなし。今日之位官は、朝廷より任じ下されれ、従三位中納言源朝臣《あそん》と称するからには、これ全く朝廷の臣なり」と言っている。

喜連川家も同じく勤王で、あくまでも「徳川幕府の家臣ではなく、幕府の賓客」としての意識が貫かれていた。八代・恵氏が十万石を断った時も、「我が足利家は天皇の臣下であり、いまだかつて徳川に媚《こ》びたことはない」というのが理由だったのだ。そもそも、足利尊氏が、北朝の光明天皇を擁立したのである。

縄氏の弟余九麿が会津藩主・松平容保の養子となり松平喜徳となったのは慶応三年三月だが、同四年二月、喜徳は容保の隠居によって家督を相続して十代会津藩主となった。

慶応四年四月に江戸城が明け渡された。各藩内は新政府軍に恭順《きょうじゅん》するか反抗するかで揉めていた。中でも、軍事的に力を持たない小藩は、強い方に付くしかない。奥羽鎮撫《ちんぶ》総督九条道孝は諸藩に会津征討を命令した。

八月になって、喜連川藩兵は鍋島藩斥候《せっこう》隊に加わって出兵した。この時、相次いで馳《は》せ参じた足利郡の旧臣の中から選んだ三人を加えて二十二名の軍隊だった。

喜連川藩兵は、開明的な斉昭の子供の縄氏の代になると、煕氏御所さまの源氏の白旗の下での越後流ではなく、軍制は西洋のフランス式になっていた。全員戦場に出るのは初めてだが、それでも、御所さまの指導の宜《よろ》しきを得て喜連川軍は勇敢に戦い、会津若松大野原などでは功績を認められ、陣中で勅使から御酒肴を賜わっている。

九月に会津が降伏すると、喜連川藩兵は十月に松平容保、喜徳父子を会津から千住宿まで護送して会津を発し、千住宿で因州鳥取藩兵に引き渡した。

慶応四年九月八日に元号が明治に改められたが、明治二（一八六九）年四月二十三日、喜連川藩兵一小隊は、会津の残党と戦った。と言えば、何個小隊かあるように聞こえるが、五千石の貧乏所帯では西洋式の喜連川藩兵は一小隊で全てである。これによって兵士には御酒肴が下賜され、五月には各々に毛布一枚を賜った。

再び足利に

話は前後するが、明治元（一八六八）年十二月に縄氏は元の足利に復姓することを宣言していた。振り返ってみると、喜連川を名乗るようになったのは豊臣秀吉との縁によるもので、島子は喜連川の文字を小さく書いていたと聞いていたのだった。徳川の世も終わった今は、そろそろ、その呪縛から解き放されてもよいはずで、徳川時代に優遇される原因であり、誇りの源泉になった足利を名乗るのがむしろ自然である。

姓は元に戻したものの、それを継ぐものがいなければ話にならない。二十五になる縄氏にはまだ世嗣ぎがいなかった。病弱な縄氏は養子を取ることにした。

相手は千四百石の旗本で、高家職の宮原摂津守義直の次男延喜久である。宮原家は親戚で鎌倉公方足利基氏の血筋だから、源氏本流の血筋という意味では、水戸家の縄氏よりはずっと趣旨に適っている。

延喜久が縄氏の養嗣子となって足利聡氏《さとうじ》を名乗るのは明治二年四月八日だが、同年五月五日には縄氏が隠居したため十三歳で家督を相続し、十三代藩主となった。しかし皮肉にも、この年に隠居した縄氏に長男於菟丸《おとまる》が誕生した。

明治三年七月十七日付けで、幼い当主の足利聡氏は、太政官《だじようかん》宛に「領地を新政府に返還する」願書を提出した。いわゆる版籍奉還だが、当然、養父縄氏と相談の上だろう。時代の流れを読んだ上での判断である。

喜連川藩の「版籍」は日光県に引き渡されて、足利家は池之端の江戸屋敷に移住することになった。版は領土、籍は領民である。これで、永年頭を悩ませ続けた貧乏藩の経営から解放されたのだ。もう金の苦労はしなくてもすむと、軽やかな気分だったかもしれない。永禄として百九十三石が与えられるのは、明治四年二月五日である。

激動する時代の中で、病弱な縄氏は明治七年三月二日に三十一歳で没した。

明治九年九月三日、聡氏が病のため二十歳で隠居し、養子にしていた縄氏の長男於菟丸に家督を継がせた。八歳の十四代足利家当主だが、聡氏は同月二十五日に実家の宮原家へ復籍した。

足利於菟丸は明治十七年の華族令施行で子爵になり、明治三十四（一九〇一）年には惇麿（惇氏）が誕生して家名は継続することになった。だが、縄氏が宮原家から養子を貰い、足利家の血筋を正統なものに戻そうとした願いは、残念ながら潰《つい》え去った。北朝の足利家は、南朝の水戸家に乗っ取られたのだ。

しかし、五千石ながら足利家を継ぐ御所さまとして約二百八十年の間、小藩の経営に当って来たことは誇りとすべきである。時には独り善がりで空回りし、頓珍漢なこともあり、時には痩せ我慢もし、領民に助けられたこともあったが、喜連川では、他の藩でしばしば見られたような大きな騒動や一揆がなかったのだ。

それは、政治的な資質というよりも、使命感であり、自分の事はさて置いて、領民第一に考えて治世を行ったからである。歴代、それが自然にできたのは、「生まれ育ち」による「品性」なのかもしれない。

参考文献

『栃木県史』〔通史編4　近世1〕栃木県史編さん委員会編（栃木県）／『栃木県史』〔史料編　近世4〕栃木県史編さん委員会編（栃木県）／『喜連川町史』〔第二巻　資料編2　古代・中世〕喜連川町史編さん委員会編（喜連川町）／『喜連川町史』〔第三巻　資料編3　近世〕さくら市史編さん委員会編（さくら市）／『喜連川町史』〔第四巻　資料編4　近現代〕喜連川町史編さん委員会編（喜連川町）／『喜連川町史』〔第五巻　資料編5　喜連川文書　下〕さくら市史編さん委員会編（さくら市）／『喜連川郷土史』〔前・後編〕片庭壬子夫（喜連川町公民館）／『喜連川町誌』（喜連川町）／「喜連川文書」〔調査報告書〕（栃木県立博物館）／「喜連川公方実記」〔『下野史談　第3期』第14、15巻〕田代善吉編（国書刊行会）／『郷土史の研究　江戸時代の喜連川』新井正義／『喜連川のむかしばなし』喜連川町教育委員会編（喜連川町）／「光廟遺事」（秋元家所蔵文書）／「喜連川御家」（秋元家所蔵文書）／『北関東下野における封建権力と民衆』秋元典夫（山川出版社）／『栃木県の歴史』阿部昭他（山川出版社）／『藩史大事典』〔第2巻　関東編〕（雄山閣）／『下野史談　第1期』〔第5巻〕田代善吉編（国書刊行会）／『改訂増補

大武鑑』〔上、中、下巻〕橋本博編（名著刊行会）／「足利系図」「古河御所之伝」「古河公方系図」「喜連川判鑑」〔『続群書類従』第五輯　上　塙保己一編　太田藤四郎・補訂〕（続群書類従完成会）／『寛政重修諸家譜』（続群書類従完成会）／『柳営婦女伝双』国書刊行会編（名著刊行会）／『国史大系　徳川実紀』〔第一～十篇〕（吉川弘文館）／『江戸幕藩大名家事典』〔上、中、下巻〕小川恭一編著（原書房）／『新編藩翰譜』〔第一～五巻〕新井白石（新人物往来社）／『考証江戸事典』南条範夫編（人物往来社）／『徳川幕府事典』竹内誠編（東京堂出版）／『図解　江戸城をよむ』深井雅海（原書房）／『将門記　1、2巻』梶原正昭・訳注（東洋文庫）／『太平記』大曽根章介・松尾葦江・校注・訳（ほるぷ出版）／『源平盛衰記　第1』富倉徳次郎・校訂（岩波文庫）／『お大名の話・武家の婚姻』〔鳶魚江戸文庫25〕三田村鳶魚　朝倉治彦編（中公文庫）／『甲子夜話』〔1～6〕松浦静山　中村幸彦、中野三敏・校訂（東洋文庫）／『図説　日本文化の歴史』〔1～13〕（小学館）／『参勤交代』山本博文（講談社現代新書）／『三百藩家臣人名事典』〔1～7〕（新人物往来社）／『宿場と街道』〔目で見る日本風俗誌6〕今戸栄一編（日本放送出版協会）／『江戸物価事典』小野武雄編著（展望社）／『天下は天下の天下なり』山下昌也（展望社）／『忠臣蔵ご案内』山下昌也（国書刊行会）／『ヒコの幕末』山下昌也（水曜社）

ほか

本書は、二〇一二年に主婦の友社より刊行された『わずか五千石、小さな大大名の遣り繰り算段』を、改題、改訂のうえ文庫化したものです。

山下昌也—高知県生まれ。中央大学商学部卒業。歴史ライター。史料を渉猟し、歴史に埋もれた人物や逸話に光を当てる読み物を多数発表。主な著書に、『ヒコの幕末』(水曜社)、『忠臣蔵ご案内』(国書刊行会)、『大名の家計簿』(角川SSC新書)など。

講談社+α文庫 貧乏大名《びんぼうだいみょう》"やりくり"物語《ものがたり》
——たった五千石! 名門・喜連川藩の奮闘
山下昌也《やましたまさや》

2016年 8 月18日第 1 刷発行
2016年10月 6 日第 4 刷発行

発行者——鈴木 哲
発行所——株式会社 講談社
東京都文京区音羽2-12-21 〒112-8001
電話 編集(03)5395-3522
販売(03)5395-4415
業務(03)5395-3615
デザイン——鈴木成一デザイン室
カバー印刷——凸版印刷株式会社
印刷——慶昌堂印刷株式会社
製本——株式会社国宝社

落丁本・乱丁本は購入書店名を明記のうえ、小社業務あてにお送りください。
送料は小社負担にてお取り替えします。
なお、この本の内容についてのお問い合わせは
第一事業局企画部「+α文庫」あてにお願いいたします。
Printed in Japan ISBN978-4-06-281687-8
定価はカバーに表示してあります。

講談社+α文庫 Ⓔ歴史

書名	著者	内容	価格	番号
マンガ 老荘の思想	蔡志忠・作画 和田武司・訳 野末陳平・監修	超然と自由に生きる老子、荘子の思想をマンガ化。世界各国で翻訳されたベストセラー!!	750円	E 5-1
マンガ 孔子の思想	蔡志忠・作画 和田武司・訳 野末陳平・監修	二五〇〇年受けつがれてきた思想家の魅力を描いた世界的ベストセラー。新カバー版登場	690円	E 5-2
マンガ 孫子《そんし》・韓非子《かんぴし》の思想	蔡志忠・作画 和田武司・訳 野末陳平・監修	深い人間洞察と非情なまでの厳しさ。勝者の鉄則を明らかにした二大思想をマンガで描く	750円	E 5-3
*マンガ 菜根譚《さいこんたん》・世説新語《せせつしんご》の思想	蔡志忠・作画 和田武司・訳 野末陳平・監修	乱世を生きぬいた賢人たちの処世術と数々のエピソードが現代にも通じる真理を啓示する	700円	E 5-7
マンガ 禅の思想	蔡志忠・作画 和田武司・訳 野末陳平・監修	悟りとは、無とは!? アタマで理解しようと力《りき》まず、気楽に禅に接するための一冊!!	780円	E 5-8
*マンガ 孟子《もうし》・大学《だいがく》・中庸《ちゅうよう》の思想	蔡志忠・作画 和田武司・訳 野末陳平・監修	政治・道徳・天道観など、中国の儒教思想の源流を比喩《ひゆ》や寓話《ぐうわ》、名言で導く必読の書!!	680円	E 5-9
マンガ 皇妃エリザベート	名香智子 ジャン・デ・カール原作 塚本哲也監修・解説	今なお、全世界の人々を魅了する、美と個性の皇妃の数奇な運命を華麗なタッチで描く!!	1000円	E 28-1
*オールカラー 完全版 世界遺産 第1巻 ヨーロッパ①	講談社 編 PPS通信社 写真 水村光男 監修	美しい写真! 歴史的背景がわかりやすい! ギリシア・ローマ、キリスト教文化の遺産!	940円	E 32-1
*オールカラー 完全版 世界遺産 第2巻 ヨーロッパ②	講談社 編 PPS通信社 写真 水村光男 監修	フランス、イギリス、スペイン。絶対君主の威厳と富の蓄積が人類に残した珠玉の遺産!	940円	E 32-2
*歴史ドラマが100倍おもしろくなる 江戸300藩 読む辞典	八幡和郎	歴史ドラマ、時代小説が100倍楽しめることウケあいの超うんちく話が満載!	800円	E 35-6

*印は書き下ろし・オリジナル作品

表示価格はすべて本体価格(税別)です。本体価格は変更することがあります

講談社+α文庫 Ⓔ歴史

真田と「忍者《しのび》」

加来耕三

大河ドラマ「真田丸」、後半を楽しむカギは「忍者」！ 忍者ブームに当代一の歴史作家が挑む

920円
E
I-8

＊印は書き下ろし・オリジナル作品

表示価格はすべて本体価格（税別）です。本体価格は変更することがあります

講談社+α文庫 Ⓖビジネス・ノンフィクション

書名	著者	内容	価格	番号
成功者の告白 5年間の起業ノウハウを3時間で学べる物語《ストーリー》	神田昌典	カリスマコンサルタントのエッセンスを凝縮 R25編集長絶賛のベストセラー待望の文庫化	840円	G 141-1
あなたの前にある宝の探し方 現状を一瞬で変える47のヒント	神田昌典	カリスマ経営コンサルタントが全国から寄せられた切実な悩みに本音で答える人生指南書	800円	G 141-3
虚像に囚われた政治家 小沢一郎の真実	平野貞夫	次の10年を決める男の実像は梟雄《きょうゆう》か英雄か？ 側近中の側近が初めて語る「豪腕」の真実!!	838円	G 143-2
小沢一郎 完全無罪 「特高検察」が犯した7つの大罪	平野貞夫	小泉総理が検察と密約を結び、小沢一郎が狙われたのか!? 霞が関を守る闇権力の全貌！	695円	G 143-5
マンガ ウォーレン・バフェット 世界一おもしろい投資家の、世界一儲かる成功のルール	森生文乃	4兆円を寄付した偉人！ ビル・ゲイツと世界長者番付の首位を争う大富豪の投資哲学!!	648円	G 145-1
運に選ばれる人 選ばれない人	桜井章一	20年間無敗の雀鬼《じゃんき》が明かす「運とツキ」の秘密と法則。仕事や人生に通じるヒント満載！	648円	G 146-1
突破力	桜井章一	明日の見えない不安な時代。そんな現代を生き抜く力の蓄え方を、伝説の雀鬼が指南する	648円	G 146-2
なぜ あの人は強いのか	桜井章一 中谷彰宏	「勝ち」ではなく「強さ」を育め。20年間無敗伝説を持つ勝負師の「強さ」を解き明かす	657円	G 146-3
「大」を疑え。「小」を貫け。	桜井章一 鍵山秀三郎	何を信じ、どう動くか。おかしな世の中でも心を汚さず生きていこう。浄化のメッセージ！	600円	G 146-4
考えるシート	山田ズーニー	コミュニケーションに困ったとき書き込むシート。想いと言葉がピタッ！とつながる本	620円	G 156-1

＊印は書き下ろし・オリジナル作品

表示価格はすべて本体価格（税別）です。本体価格は変更することがあります

講談社+α文庫 Ⓕ心理・宗教

タイトル	著者	内容	価格	番号
やめられない心 毒になる「依存」	クレイグ・ナッケン／玉置 悟 訳	人生を取り戻すために。「毒になる親」「不幸にする親」に続く、心と人間関係の問題に迫る第3弾!	700円	F 35-3
そうだったのか現代思想 ニーチェからフーコーまで	小阪修平	難解な現代思想をだれにでもわかりやすく解説する。これ一冊ですべてがわかる決定版!!	1100円	F 37-1
天才柳沢教授の生活 マンガで学ぶ男性脳セレクト18 「男はここまで純情です」	山下和美／黒川伊保子・解説	「モーニング」連載マンガを書籍文庫化。典型的男性脳の権化、教授を分析して男を知る。	667円	F 50-1
天才柳沢教授の生活 マンガで学ぶ男性脳セレクト16 「男はこんなにおバカです!」	山下和美／黒川伊保子・解説	「モーニング」連載マンガを男性脳で解説。教授を理解してワガママな男を手玉にとろう!	667円	F 50-2
決定版 タオ指圧入門	遠藤喨及	いのちを司る「気のルート」をついに解明。奇跡の手を持つ男が、心身に効く究極の手技を伝授!	800円	F 51-1
妙慶尼流「悩む女」こそ、「幸せ」になれる 本当の愛を手にするための仏教の教え	川村妙慶	100万人の老若男女を悩みから救ったカリスマ女性僧侶が親鸞聖人の教えから愛を説く	619円	F 52-1
いまさら入門 親鸞	川村妙慶	日本で一番簡単で面白い「親鸞聖人」の伝記誕生。読めば心が軽くなる!	648円	F 52-2
毒になる母 自己愛マザーに苦しむ子供	スーザン・フォワード／玉置 悟 訳 (キャリル・マクブライド／江口泰子 訳)	私の不幸は母のせい?自己愛が強すぎる母親の束縛から逃れ、真の自分を取り戻す本	630円	F 53-1
内向型人間のすごい力 静かな人が世界を変える	スーザン・ケイン／古草秀子 訳	引っ込み思案、対人関係が苦手、シャイ……内向型の人にこそ秘められたパワーがあった!	840円	F 54-1
講義ライブ だから仏教は面白い!	魚川祐司	ブッダは「ニートになれ!」と言った!?仏教の核心が楽しくわかる、最強の入門講座!	840円	F 55-1

＊印は書き下ろし・オリジナル作品

表示価格はすべて本体価格(税別)です。 本体価格は変更することがあります。

講談社+α文庫 Ⓓエンターテイメント

おとなのための「オペラ」入門　中野京子
カルメン、椿姫など名作文学に題材をとった著名なオペラで音楽の世界がよくわかる！
720円 D 61-1

粋な日本語はカネに勝る！　立川談四楼
カネの多寡では幸不幸は決まらない。人気落語家が語り尽くす「心が豊かになる」ヒント！
667円 D 68-1

「即興詩人」の旅　安野光雅
古典名作の舞台イタリアを巡り、物語と紀行文、スケッチ画と一冊で3回楽しめる画文集
838円 D 69-1

列車三昧 日本のはしっこに行ってみた　吉本由美
人気エッセイストが辿り着いた「はしっこ日本」。見栄と無理を捨てたい女性にオススメの旅
667円 D 74-1

浮世絵ミステリーゾーン　高橋克彦
浮世絵には貴重な情報がたくさん詰まっていた！ メディアとしての浮世絵を読み解く
800円 D 77-1

楽屋顔 噺家・彦いちが撮った、高座の裏側　林家彦いち
噺家だから撮れた舞台裏の奇跡の瞬間！ 知らなかった寄席の世界へ、あなたをご案内します
667円 D 79-1

落語 師匠噺　浜 美雪
稽古をつけてもらってなくても似てくる弟子の不思議とは。人気落語家9人が語る「師匠愛」
780円 D 80-1

甘い生活　島地勝彦
元「週刊プレイボーイ」カリスマ編集長による冥土までの人生をとことん楽しみ尽くす方法
700円 D 81-1

なぜ「小三治」の落語は面白いのか？　広瀬和生
人間国宝・柳家小三治を、膨大な時間をかけて聴いて綴った、「小三治本」の決定版！
900円 D 82-1

ゲバゲバ人生 わが黄金の瞬間　大橋巨泉
『11PM』『クイズダービー』『HOWマッチ』テレビを知り尽くした男の豪快自伝！
920円 D 83-1

＊印は書き下ろし・オリジナル作品

表示価格はすべて本体価格(税別)です。本体価格は変更することがあります